MW01265240

EL ACOMPAÑAMIENTO ESPIRITUAL

JESÚS SASTRE GARCÍA

EL ACOMPAÑAMIENTO ESPIRITUAL

Para la pastoral juvenil y vocacional

SAN PABLO

ISBN: 84-285-1577-8
Depósito legal: M. 24.376-1993
Impreso en Artes Gráficas Gar.Vi. 28960 Humanes (Madrid)
Printed in Spain. Impreso en España

A Maite, Javier, Ramón,
grupo de Arcos, y a cuantos he acompañado
en el discernimiento vocacional.

Primera Parte

Dimensiones teológico-pastorales del acompañamiento espiritual

Introducción

La definición y el contenido de la palabra acompañamiento adquieren en nuestro tiempo una gran actualidad; con todo, tenemos que decir que su acepción fundamental expresa una praxis de gran raigambre bíblica y en la historia de la espiritualidad cristiana, tanto oriental como occidental.

Etimológicamente indica el hecho de que alguien acompañe a otro u otros en la tarea de llegar a una meta o a conseguir algo. Como el crecimiento humano no es puramente biológico, los aspectos psicológicos, intelectuales, relacionales, éticos, religiosos, etc., cobran una importancia capital. Y sabemos que en todos estos aspectos no se madura sin la presencia, guía y estímulo de los grupos y de alguno como experto en el camino que se pretende recorrer. Esta relación personalizadora se hace cada vez más urgente en nuestro mundo robotizado, estandarizado y masificado; la sabiduría como «saboreo» del sentido y significado de la existencia sólo se puede transmitir de corazón a corazón. El mayor problema de la juventud está en que como colectivo se encuentra abandonada a sí misma porque no hay diálogo en profundidad con el mundo adulto al faltar maestros que les den «razones para vivir y motivos para esperar».

La misión de los padres, educadores y catequistas es acompañar a los niños, adolescentes, jóvenes y, en su caso, a adultos en el proceso de hacerse persona, de madurar, de llegar a la identidad propia del cristiano. En una sociedad numéricamente cristiana se reservó el acompañamiento dentro de la Iglesia a grupos minoritarios y específicos bajo la modalidad de dirección espiritual, dentro o fuera del ámbito del sacramento de la penitencia. El mantenimiento del pueblo cristiano a partir de la catequesis de niños se hacía fundamentalmente a través de la pastoral sacramental y de medios espirituales ocasionales con carácter más o menos colectivo.

1. Acompañamiento y maduración personal

Todo proceso de crecimiento humano está condicionado por la historia vivida, las relaciones que se tienen, los planteamientos nuevos y la forma de proyectar el futuro. La persona está en un contexto sociocultural que le condiciona positiva y negativamente; la célebre frase de Ortega y Gasset «yo soy yo y mi circunstancia» es plenamente válida. Al mismo tiempo, la fe cristiana afirma que la salvación de Dios puede hacerse presente en cualquier situación como llamada liberadora o como afianzamiento de humanización. Tarea tan compleja no puede ser abordada individualmente; si en todo necesitamos maestros, mucho más en los aspectos relacionados con la maduración personal, el sentido de la vida, la relación fe-vida, el discernimiento y el proyecto de vida. La mediación de creyentes adultos —que una a la fidelidad de vida el conocimiento psicopedagógico de la relación de ayuda y el carisma personal del acompañamiento espiritual— es insustituible en la pastoral juvenil-vocacional. No se trata de prescindir de la función decisiva del grupo en los itinerarios catecumenales, sino de completar con el acompañamiento personal todo lo que se descubre y vive en el grupo de fe.

La clásica dirección espiritual cayó en desuso después del Vaticano II por múltiples razones, y no fue reformulada ni reemplazada. Desde hace unos años se viene sintiendo la necesidad de recuperarla con las debidas actualizaciones, y hay experiencias válidas de lo fructífera que puede ser en los procesos catecumenales, pues la fe fundamentalmente es decisión personal como respuesta total a la llamada de Dios, que se descubre en la propia vida.

El Vaticano II supuso una nueva visión eclesiológica y consiguientemente una comprensión de la evangelización en términos de proceso, conversión, comunidad y presencia-compromiso en el mundo en el que hay que construir el reino de Dios. Todo ello nos lleva a replantearnos el itinerario de la fe que precisa seguir el hombre de hoy y cómo acompañarlo para que se encuentre con Cristo resucitado y se ponga en actitud de misión. A los catequistas y agentes de pastoral se les pide que se preparen y estén dispuestos a acompañar este proceso de maduración de la fe.

Si ser cristiano es seguir al Maestro, y los evangelios constituyen el camino espiritual que a través de la catequesis irán recorriendo los catecúmenos, la tarea fundamental de la catequesis es animar este proceso para que los acompañados lleguen a lo más íntimo del misterio revelado por Dios como «sabiduría» para el hombre. En el seguimiento de Cristo, tres son los protagonistas: el Espíritu Santo que mueve los corazones y sopla como y donde quiere, el grupo o comunidad cristiana con sus búsquedas, relaciones y experiencias, y el catequista que orienta el proceso de la conversión personal. La dialéctica entre lo que suscita el Espíritu como expresión de la voluntad de Dios, el itinerario de cada creyente y los signos de los tiempos, indica cómo debe ser la actuación del animador de la fe que desde su vivencia interior trata de ayudar a los otros.

El acompañamiento espiritual supone la recuperación de un «servicio» humano y de un «ministerio» eclesial insustituible. Ayudar a la persona a madurar y respetar la obra de Dios en cada uno exige mucho tacto, confianza mutua, encarnación en el tiempo que nos toca vivir y experiencia de Dios que actúa de forma insospechada y desconcertante. Si el gran protagonista de la vida cristiana es el Espíritu, el modo de proceder del acompañante debe evitar todo paternalismo y autoritarismo y debe potenciar con el diálogo la interiorización y el discernimiento para encontrar «lo que agrada al Señor», que es el bien de los hermanos a través de múltiples modalidades.

2. Condicionamientos socioculturales de la juventud

En la década final del segundo milenio estamos viviendo tiempos apasionantes, pues algo nuevo está surgiendo en medio de ambigüedades y contradicciones. La caída de algunas ideologías y el poco entusiasmo que suscitan «otros humanismos» que por el momento se mantienen, nos hacen pensar en la urgencia de reformular las cosmovisiones y sus concreciones en los aspectos políticos, económicos y sociales. En esta encrucijada entre la esperanza en un futuro mejor y la instalación en los logros del presente, el joven se siente «orientado» por los poderes que manejan los medios de comunicación e invitado constantemente al supermercado del consumismo de todo tipo. El éxito que se propone a los jóvenes va unido al hedonismo insolidario, y en bastantes ocasiones está profundamente erotizado.

La situación que globaliza la nueva condición en que jóvenes y adultos vivimos se denomina cada vez más con el término posmodernidad. Según J. Muñoz[1] esta cultura ambiental presenta seis características principales: «crisis de un sujeto concebido como producto de la máquina de representación y que desaparece con ella; disolución de la semiótica en energética, con la consiguiente reabsorción de toda posible idea de significado o verdad; despedida de los grandes relatos legitimadores (de la dialéctica del espíritu a la hermenéutica del sentido, de la emancipación de la clase obrera al desarrollo económico y a la épica del progreso); renuncia a toda posible utopía de

---

[1] J. MUÑOZ, *Inventario provisional (Modernos, posmodernos y antimodernos)*, Revista de Occidente 66 (1980) 7.

unidad, reconciliación o armonía universal; contestación del irreconciliable pluralismo de los juegos lingüísticos (o formas de vida); crítica de la razón total, omni-identificadora».

Por eso los términos que definen la posmodernidad en su mayor parte tienen prefijos que indican negación, discontinuidad, particularismo y pluralismo divergente.

En el ambiente hay síntomas claros de desengaño, nuevos ideales (salud, dinero y sexo), despreocupación de las cuestiones públicas, ocios pasivos, inmediatez en los logros, falta de resistencia al fracaso, la ausencia de metas de largo alcance y la fragmentación de la existencia.

La consecuencia de todo esto es el vacío existencial, tristeza y aburrimiento en la vida de muchos jóvenes que a primera vista parecen alegres y festivos.

Ramón Nieto, editor y escritor[2], en un artículo periodístico describe así la versión española de la posmodernidad: «La posmodernidad a la española, por el contrario, se parece a la espesa cocina de nuestros pueblos, a un potaje en el que se mezclan las alubias de un descreído, el tocino de un patán, la pechuga de una experta en sexología, el azafrán de una virgen, el perejil de un homosexual, el chorizo de un ídem y la morcilla de un pintor neosurrealista. Tal guiso puede resultar suculento, pero, para algunos estómagos, rotundamente indigesto».

Un nuevo tipo de sociedad se está gestando; muchos de los valores tradicionales han caído, pero no han sido reemplazados por otros. Hay varios estudios sociológicos sobre la «juventud española: valores y religiosidad», que aportan datos ciertamente preocupantes. A modo de muestra citaremos algunos: el 51% de los españoles (16-X-1988) no sabe lo que está bien y lo que está mal; el 88% piensa que sus compatriotas sólo piensan en vivir mejor y ganar dinero; el 76% no se fía de otras personas. El 57% de los jóvenes tiene en la TV el campo de ocio principal y a ella dedica 3 horas diarias. El 67% de los

---

[2] RAMÓN NIETO, *Posmodernidad a la española*, El País (1/7/1991).

jóvenes entre 17 y 18 años bebe el equivalente de un litro de vino al día (cantidad superior a la ingerida por los adultos). También los comportamientos sexuales y la actitud de permisividad ante los mismos han crecido mucho.

Estos datos y otros más que podríamos aportar indican penuria ética, falta de hábitos de orden y disciplina y actuaciones poco acordes a la razón. Esto explica muchos fracasos escolares que padecen sobre todo adolescentes y jóvenes; incluso las reivindicaciones sociales que no hace mucho protagonizaron los estudiantes tenían unos matices muy distintos de los de otras épocas. Moncho Alpuente lo refleja así en un artículo titulado *Rebeldes sin náusea*: «Los jóvenes de hoy, cuando toman las calles, no reivindican la utopía, y si sus proyectiles se dirigen contra el sistema, no es para derribarlo, sino para pedirle mejores expectativas de integración»[3].

Los últimos estudios sobre la juventud manifiestan claramente cómo el joven creyente y practicante tiene un perfil y una axiología distinta del joven que no es creyente ni practicante. Con todo, hay también una forma posmoderna de entender y vivir la fe. Juan González Anleo[4] la ha definido así: religiosidad «light», genérica, blanda, cómoda, y coexistente con otras convicciones ideológicas o éticas. En muchos creyentes el centro de su vida no lo ocupa Dios y todo lo que esto conlleva. Esta actitud profundamente subjetiva o de «supermercado», que lleva a cada uno a coger y dejar del depósito de la fe lo que le parece mejor o le apetece, produce una fragmentación que desvirtúa la actitud religiosa cristiana. A. Fierro, ya en el año 1984, lo describía en estos términos: «Mientras los diez mandamientos formaron un bloque, no cabía desenlazar el no matar del no fornicar, y este bloque ético o práctico, a su vez, no se podía aislar e independizar de la dimensión de culto o de creencia; hoy una y otra uni-

---

[3] MONCHO ALPUENTE, *Rebeldes sin náusea*, Cambio 16 (3-XII-90).
[4] J. GONZÁLEZ ANLEO, *Los jóvenes y la religión «light»: Comentario sociológico*, Estructura social de España 59-60 (1987) 1166-1182.

dad, la de cada una de las dimensiones integrantes de la religión y la que en su conjunta asociación componen, han quedado rotas, pulverizadas»[5].

A pesar de todo lo expuesto, no todo es negativo en la posmodernidad. Desde una actitud de diálogo con los signos de los tiempos, la teología y la pastoral valoran la posmodernidad por la importancia que da al sentimiento, la purificación del discurso excesivamente racional o moralizante sobre Dios, la predisposición a lo experiencial, el protagonismo de lo humano impresentable y la posibilidad de encontrarse con el Dios de los pobres.

Los retos que tenemos en la formación humana y cristiana de los jóvenes son los siguientes:

— Rehacer una cosmovisión con pretensiones de universalidad, enriquecida por las diferentes visiones de la realidad y con posibilidades de convergencia. La relación entre ontología y ética como la verdad básica que el ser humano debe reconocer y practicar.

— Apostar por la unicidad del yo desde la búsqueda del sentido de la vida, la integración de los diferentes ámbitos de la existencia y la jerarquía de valores.

— La urgencia de la solidaridad humana y la lucha por la justicia. La utopía pendiente y actual es la búsqueda de condiciones humanas de vida para una gran parte de la humanidad. El planteamiento del futuro personal no puede hacerse al margen de la humanidad.

— La nueva configuración de los educadores como integradores al servicio de la persona y de su proyecto de vida, no como intermediarios de saberes o destrezas. La cultura actual tiene que esforzarse mucho por compaginar la eficacia con la intimidad, la vida pública y la vida privada.

— La vida en los grupos naturales y en las instituciones debe ser completada por la relación

---

[5] A. Fierro, *La religión en fragmentos.*

15

personal que ayude a interiorizar valores, a responder personalmente y a proyectar el futuro. El pluralismo social, los condicionamientos psicológicos y las dificultades de cara al futuro solicitan el acompañamiento personal de los adolescentes y jóvenes como acogida, motivación y propuesta.

Capítulo 1

Fundamentación teológica del acompañamiento espiritual

Desde las primeras páginas del Génesis y del Éxodo aparece Dios "con" el hombre y cercano a su pueblo "en" medio de la historia. «Yavé marchará delante de ti. Él estará contigo. No te dejará ni te abandonará. No temas ni te asustes» (Dt 31,8). Antes que nada Dios es para el hombre presencia, confianza, ayuda y esperanza; esta forma de estar se personaliza y llega a cada hombre a través de Jesús, la Palabra hecha carne que ilumina a todo hombre (cf Lc 19,9). La iniciativa es de Dios que sale al encuentro del hombre y sin violentar su libertad se autocomunica dando así pleno sentido a la existencia humana; por eso la respuesta del hombre encuentra su expresión más adecuada en las palabras de san Pablo: «...por si consigo alcanzarlo, habiendo sido yo mismo alcanzado por Cristo Jesús» (Flp 3,12). La acción salvadora de Dios nos remite a los demás (cf Jn 20,22); lo que comenzó siendo vivencia de filiación termina en misión de fraternidad conducida y sustentada por el Espíritu de Jesús que todo lo ordena al bien común (cf 1Cor 12,7). Dios en Jesús ha tomado la iniciativa y va por delante hasta el extremo de dar la vida para que todos tengamos vida en abundancia (cf Jn 19,28). Dios educa sobre todo por su forma de estar con los hombres; sus palabras y gestos traducen esta presencia como acontecimiento.

La Iglesia es heredera de esta pedagogía divina y continuadora de la misión de Jesús; cada catequista está también obligado a testimoniar la acción de Dios en él y a acompañar la salvación de Dios en el «aquí y ahora» de cada catequizando.

El acompañamiento siempre ha existido en la historia de la Iglesia bajo diversos nombres y en distintas modalidades expresadas muchas veces en corrientes o escuelas de espiritualidad. Todas han tenido un fondo común: liberar al hombre de lo negativo y ayudarle a conseguir su perfección humana y cristiana a través de un «camino» bajo la guía de un creyente experimentado en la vida espiritual.

1. Base bíblica

La Sagrada Escritura es la manifestación fiel de Dios a través de la historia; el pueblo israelita, precursor de la Iglesia y anticipo de la humanidad vive en permanente diálogo con el Dios vivo que libera de la esclavitud de Egipto, acompaña por el desierto, hace alianza y conduce a la tierra prometida. En el Antiguo Testamento Dios vivo sale al encuentro del hombre (Sal 42,3), está en medio del pueblo (Is 7,14), habla y comprende a los hombres (Sal 135,115,3-7), se presenta como padre (Dt 1,31-33) y pastor (Sal 80,2; Is 40,11). La acción de Dios llega a través de sus enviados (Gén 17,7; 28,15; Éx 3,2; Jos 1,5 y 6,16; 2Sam 7,9; Jer 1,8.19; Is 6,6). Los profetas anuncian un tiempo en que aparecerá el Mesías como mediador único, pleno y definitivo (Dt 18,15; Jer 31,31-34).

Dios no anula los interrogantes del hombre; por el contrario, suscita preguntas, interpela, ahonda la visión humana y desborda las expectativas de la mente y el corazón humano.

La literatura sagrada habla de camino, sendero, vía (cf Dt 30,15-16) y de la necesidad de escoger un camino u otro, salvación o perdición para el hombre. La salida de los israelitas de Egipto (cf Éx 13,17-18; Dt 8,2) se presenta como una decisión y el comienzo de un camino con muchas etapas; para los israelitas esa experiencia tuvo siempre un carácter paradigmático como se manifiesta en la relectura que hace el pueblo desde el destierro de Babilonia. Los libros proféticos y la literatura sapiencial tratan de ayudar al pueblo israelita a responder a la Alianza desde situaciones distintas que exigen una mentalidad y unas actitudes diferentes de las requeridas en otros momentos históricos.

En el Nuevo Testamento, Jesús aparece como el camino, la verdad y la vida (Jn 14,16), el nuevo mediador de Dios (Mc 3,14) y la definitiva revelación de Dios (Heb 1,1-3; Jn 17,22). Jesús forma un pequeño grupo a quienes va revelando la voluntad del Padre, el rostro doliente de la humanidad y la realidad nueva del Reino (Mc 4,11.33). La pedagogía de Jesús une la fidelidad al proyecto salvador, la encarnación histórica y la paciencia con la lentitud de los apóstoles en comprender la novedad del evangelio (Mc 6,52; 7,18; Lc 24,25-27). Cristo resucitado pasa el testigo a los discípulos para que ellos continúen su obra. Para saber lo que tienen que hacer y contar con las fuerzas necesarias, les promete y envía el Espíritu Santo que «os enseñará todo y os recordará lo que yo os he dicho» (Jn 14,25). Este Espíritu guía al creyente que vive en disponibilidad y alienta a la Iglesia para que sea germen de nueva humanidad (Jn 14,17). La presencia del Señor será constante, hasta el final de los tiempos y en todos los lugares de la tierra, como dicen las palabras finales del evangelio de san Mateo. La presencia de Dios es íntima y trinitaria (Jn 7,38 y 14,16), todo buen deseo parte de Él (Dt 31,8; Jer 1,5 y Gál 1,65) y su acción libera y salva.

En los evangelios el seguimiento de Jesús se presenta como un itinerario con condiciones de entrada para quienquiera iniciarlo (cf Mc 1,15; Lc 13,5); el camino es Jesús en expresión de san Juan y el creyente debe optar por situar el proyecto del Reino en el centro de su existencia (cf Mc 2,4; 10,21; Lc 9,57-62; Jn 1,43; 15,16); todo lo demás es relativo y debe estar supeditado a lo fundamental. A este cambio existencial que estructura la persona de otra forma se llama conversión y constituye la clave para entender el hombre nuevo que orienta todo el quehacer de la catequesis. Este recorrido no se aprende ni se vive en solitario, sino en grupo, en comunidad que peregrina y construye el Reino (cf 1Pe 2,11). Peregrinación y carrera (cf 1Cor 9,24-27) que parten de la iniciativa de Dios, superan el voluntarismo prometeico (cf Flp 3,13-14) y se recorren bajo la acción del Espíritu y las mediaciones eclesiales.

2. El acompañamiento espiritual en la historia de la Iglesia

Los textos neotestamentarios indican, al hablar de la organización de las primeras comunidades, que en ellas estaban los «ancianos», personas que por su experiencia, sabiduría y edad podían sostener la fe de los hermanos y alentarles en su caminar en medio de las dificultades del momento, propias de una sociedad donde los cristianos eran minoritarios y padecían persecución en muchas ocasiones.

Con la oficialización de la Iglesia y el reconocimiento del cristianismo como religión del Imperio, muchos creyentes sinceros se sienten incómodos y buscan otros ámbitos y modos de vivir la fe. Los eremitas y cenobitas siguen o se agrupan alrededor de alguien que tiene fuerte experiencia de Dios, atestiguada por su propia vida y saber; aparece con toda claridad cómo el seguimiento de Jesús no es asunto individual o de interpretación privada. Seguir radicalmente a Jesús se inserta en la Iglesia, la Tradición y el vivo deseo de imitar «la vida apostólica».

En el cristianismo oriental el acompañamiento se expresa a través de la relación maestro o padre/discípulo o hijo; normalmente se realiza entre laicos que, apartados de una manera u otra de la sociedad, tratan de vivir el cristianismo en total radicalidad. La finalidad de esta relación es ayudar a que el discípulo saque de sí todos los recursos posibles para ser más dócil a la gracia de Dios y se vea más libre de impedimentos para seguir a Jesucristo imitando la vida de los apóstoles.

En los primeros siglos de la Iglesia —tanto en Oriente como en Occidente— el catecumenado constituye una auténtica escuela de espiritualidad o «noviciado» de la vida cristiana marcado por la exigencia, la mistagogia, el sentido de proceso y la relación de la comunidad apadrinante con los catecúmenos.

En Occidente también se dan cauces para que el hombre descubra mejor su ser y llegue a ser santo. La espiritualidad fraguada en los monasterios inspira gran parte de la vida cristiana; pronto surgen escuelas cuya nota común es la búsqueda de la perfección según el momento histórico. La espiritualidad occidental es más sobria, práctica y teológica.

San Benito denomina «abad» al superior de la comunidad monástica por su misión respecto de los monjes: mantener la primacía de Dios, la caridad entre los hermanos y la comunicación de la vida del Espíritu. El superior de una comunidad monástica reúne elementos de valía humana y espiritual, rasgos carismáticos y encomienda jurídica.

En todas las familias religiosas y en todas las corrientes espirituales que han ido surgiendo en la historia de la cristiandad, se ha dado mucha importancia a la función de orientar en los caminos del Espíritu. Los ideales de vida que se proponían solían ir acompañados de modelos de identificación y cauces comunitarios que acumulaban experiencia y ayudaban en el caminar a los que se iban incorporando. Veamos algunos ejemplos:

Francisco de Asís encarna una espiritualidad que valora mucho la contemplación de la humanidad de Cristo (Belén, Viacrucis) para llegar al Misterio de Dios y del pobre. Unió ternura, jovialidad, libertad, búsqueda de la verdad como vida, pasión por el pobre y discernimiento en un momento de profundo cambio social y cultural. Francisco sabe que todo lo importante pasa por el corazón y en él reside; ha experimentado que sólo convence lo que primero conmueve. Por eso, sólo si Dios y el pobre alcanzan el corazón del hombre es posible la conversión y la santidad.

Santa Teresa y san Juan de la Cruz. Santa Teresa sufrió en sus propias carnes la necesidad de encontrar confesores santos y doctos que la pudieran orientar en sus experiencias espirituales y decisiones evangélicas. En los *Dichos de luz y amor* n. 5, san Juan de la Cruz dice: «El que sólo quiere estar sin arrimo de maestro y guía será como el árbol que está solo y sin dueño en el campo, que por más fruta que traiga, los viadores se la cogerán y no llegará a la sazón». El mismo santo habla en la *Subida al monte Carmelo* de los momentos (noches) por las que el creyente pasa, y que son paradigma en el seguimiento de Jesús: el abandono de las influencias negativas del ambiente y de los deseos de los sentidos, la búsqueda de Dios sin consuelos afectivos y en soledad y la experiencia de Dios, que produce paz y fuerza, como quien se nutre de una «tierra que mana leche y miel».

Santa Teresa y san Juan de la Cruz —desde sus itinerarios de creyentes en momentos de crisis y reforma— enseñan cómo la vida espiritual es lo que hace cristiana la vida. El Misterio llega hasta lo profundo de la psicología de la persona y dinamiza todos sus comportamientos. El hombre es definido como una «aventura en lo interior» donde lo importante es Cristo como indicativo y la gracia como don del amor desbordante de Dios. Somos «elevados» a la santidad de Cristo, hay desproporción entre gracia y esfuerzo, y la única ascesis cristiana es la que prepara la acción de Dios. Sólo el amor de Dios en nosotros da el verdadero crecimiento, que se enraiza en la Iglesia y en el momento histórico en que vivimos.

El concilio de Trento. La preocupación de los Padres Conciliares por la creación de seminarios y la formación de los futuros presbíteros, llevó al cultivo teórico y práctico de la espiritualidad. La variedad de congregaciones de «clérigos regulares» son una manifestación de una nueva forma de entender la vida religiosa, la presencia del sacerdote en el mundo renacentista y el apostolado con la juventud, los necesitados y en el mundo escolar. J. Olier, del seminario de San Sulpicio —que tantos frutos dio en la renovación teológica y pastoral—, dice que la confesión como manifestación de los pecados al confesor no basta para caminar en la vida espiritual, pues se necesita la ayuda de guías experimentados en el camino hacia el ideal de santidad.

San Ignacio de Loyola. Es otro hito en la historia de la espiritualidad cristiana. En las Constituciones escritas por san Ignacio se deja constancia de que los miembros de la Compañía de Jesús «abran la conciencia al rector» cada cierto tiempo o en situaciones especiales. Para llevar adelante este cometido el rector está asistido por «maestros de espíritu» que ayuden a discernir rectamente. Tres son los principios que podrían sintetizar el camino espiritual que propone san Ignacio: conocer el misterio de Cristo para «más amar y más seguir», personalización de las experiencias de fe y de oración a través de las consolaciones y desolaciones y dejarse alcanzar por Dios antes de ver qué tiene que responder cada persona. La comprensión afectiva y el amor están antes de cualquier decisión. En este camino la figura del director espiritual y/o director de ejercicios es decisiva, pues ayuda a discernir. Los Ejercicios de mes, escritos por san Ignacio, son una cristología en clave de seguimiento para la elección de estado.

En la edad moderna se acuñó para el sacerdote la expresión «cura de almas» y «padre espiritual» a través sobre todo de la «dirección espiritual». Estos planteamientos han dado su fruto y al mismo tiempo han facilitado otras formas de espiritualidad en el siglo XX. Se supera la visión, tantos años vigente, de los «dos caminos» en la vida cristiana, deja de identificarse vida espiritual con vida religiosa y se produce una crisis en la forma tradicional de entender la dirección espiritual: todo ello viene motivado también por las aportaciones de las ciencias modernas y la renovación conciliar. En el momento actual estamos viviendo la recuperación del acompañamiento espiritual en lo que ha tenido de genuino desde el principio de la era cristiana. Teniendo en consideración y respetando la especificidad de la espiritualidad de las diferentes escuelas y movimientos cristianos, hay que afirmar —pensando en la catequesis— la necesidad de la relación catequista-catequizando, grupo-animador, creyente-acompañante, para que sea posible la formación de la identidad cristiana. Tras unos años en que la pastoral se ha resuelto fundamentalmente trabajando con pequeños grupos, se ha sentido la necesidad de personalizar más el proceso de maduración de la fe.

El concilio Vaticano II. Las preocupaciones de los Padres Conciliares en O.T. es doble: conseguir la unidad en la acción de todas las personas que intervienen en la formación, la importancia de la comunidad cristiana de la que se forma parte y la formulación del acompañamiento espiritual que evite tanto el autoritarismo como el simple compartir del igual, amigo y compañero. En el posconcilio ha primado la acentuación en los aspectos de relación fe-cultura, apertura, secularización, autoformación, realización personal, autodeterminación, etc. Esto unido al auge de las pedagogías no-directivas, ha puesto al sujeto como el único artífice de su propio proceso. El rechazo de la espiritualidad de la *fuga mundi*, la apertura a los signos de los tiempos y la importancia de la autonomía personal y el papel nuevo de la comunidad, hicieron que el modelo clásico de dirección espiritual entrara definitivamente en crisis. Surgen los grupos de revisión de vida y análisis de la realidad que de alguna forma complementan e incluso reemplazan a la dirección espiritual.

Planteamiento actual. Desde el momento del bautismo del niño, toda la vida cristiana es un descubrir y crecer en el seguimiento de Jesús (cf 1Cor 1,22; 5,5; Rom 8,23);

somos criaturas nuevas, pero no hemos llegado a la plenitud y la vida resulta un doloroso alumbramiento del hombre nuevo (cf Rom 8,23). Este proceso incluye la asunción de la condición humana e historia personales, y de sus componentes de libertad, solidaridad, esperanza, superación, etc. La personalidad es original e irrepetible; dentro del seguimiento del único Maestro, cada persona tiene su peculiar itinerario que debe ser alentado individualmente. Esta relación de acompañamiento evitará la dicotomía que hoy existe muy generalizada entre la madurez, el itinerario de fe y la celebración de los sacramentos. Para armonizar este proceso, el Vaticano II en la constitución SC n.64 restaura el Catecumenado. Su finalidad es ayudar al catecúmeno a reestructurar su personalidad desde una nueva mentalidad y unos nuevos valores. En el caso de jóvenes o adultos bautizados de niños, el objetivo del acompañamiento es ayudarles a que asuman las exigencias bautismales y se sientan pueblo de Dios en marcha con la humanidad para construir la «utopía del Reino» (cf LG 9). Este compromiso con el mundo se vive desde la pertenencia eclesial cuyo centro es la eucaristía y la actitud de servicio a la comunidad por el don de sí.

Todas estas tareas educativas tienen mucho de testimonial, experiencial y totalizante; no son posibles sin la gracia de Dios que actúa de múltiples formas y sin la presencia del catequista que va por delante y al paso del catecúmeno.

Desde el hacer de Dios y la situación del creyente se perfila la misión del acompañamiento espiritual, tanto a nivel personal como de grupo.

3. Planteamiento en la teología espiritual actual

Hoy no hablamos de dirección espiritual, sino de acompañamiento. El documento final del Segundo Congreso Internacional de Vocaciones Eclesiásticas (Roma, 1981) habla del acompañamiento como «un servicio de escucha, de misericordia y de esperanza». Juan Pablo II en la carta con motivo del Año Internacional de la Juventud (1985) define el acompañamiento «como escuela sistemática de vida interior». José R. Urbieta[1] dice que el acompañamiento ayuda al joven al «descubrimiento de sí mismo y de sus posibilidades, a la búsqueda de la voluntad de Dios en su vida, a superar los momentos de oscuridad y a valorar la progresiva personalización de la opción fundamental por seguir a Jesús».

La relación personalizada y personalizadora propia del acompañamiento ayuda a que el joven descubra la sabiduría que le lleve a «saborear» el sentido de la vida. Jesús de Nazaret, como sentido globalizador de la existencia y opción fundamental desde la que se hace el proyecto vocacional de vida, supone descubrimiento progresivo, superación de dificultades, realismo y aprendizaje de las actitudes fundamentales cristianas. Nadie se hace cristiano a partir de cero, pues todos llevamos en nuestra propia historia frustraciones, desajustes y angustias que producen desestructuración de la personalidad. Sintonizar la propia personalidad con las características de la fe cristiana es una labor difícil, pero ineludible. La integración de la razón, las emociones y los comportamientos es lo que hace crecer la madurez humana y espiritual. La sociedad técnica, mecanizada y masificada en la que vivimos da por supuesta la formación de la personalidad y desplaza los aprendizajes y exigencias a los ámbitos profesionales y económicos. El problema fundamental que tienen muchas personas —especialmente jóvenes—, es el ajuste personal y la pregunta por el sentido de la vida. El ansia de tener, de consumir y de placer sensual, sin estar integrados en una jerarquía de valores, perjudican a la persona y la sumen en la desmoralización y la infelicidad. Con todo, más al fondo de estas manifestaciones de superficialidad, fragmentación y egoísmo, el ser humano necesita ser feliz. En la línea de V. Frankl, M. Buber y C. Rogers el acompañamiento espiritual

---

[1] José Urbieta, *Bajo el impulso del Espíritu*, SM, Madrid 1986, 45.

parte de lo que se llama «optimismo antropológico», pues el hombre halla en su existencia concreta e histórica un valor estructurador; existen rupturas, limitaciones y fracasos, pero también hay una inclinación innata a la unidad y al sentido que ella aporta a la vida. La reflexión crítica y compartida de lo vivido ayuda a reestructurar el presente y a proyectar de manera distinta el futuro[2].

La madurez humana es un proceso en el cual, en el caso del creyente, no se puede separar en la práctica lo que es humano y lo que es cristiano, pues funcionan como un todo único e inseparable. Sí podemos definir los rasgos de la madurez humana, ver en qué medida aparecen en las personas que están madurando su fe y facilitar el que la fe sea el elemento que dé unidad y dinamismo a toda la persona. La meta, como indica Powell, está en el equilibrio entre interioridad y exterioridad, el centro de la reacción por la acción y la capacidad de comunicarse desde los sentimientos y afectos.

En este contexto el papel del acompañante u orientador consiste en: «ayudar a una persona a desarrollar y a hacer efectivas sus posibilidades y capacidades, neutralizar sus defectos y suplir sus carencias, en orden a descubrir el tipo de actividad que mejor puede desarrollar, las relaciones que están más acordes con sus posibilidades. En definitiva, que vaya haciendo su vida en base a un proyecto conscientemente asumido o presentido inconscientemente»[3]. Ayudar a la persona que se orienta a que haga su experiencia, unifique percepción y conductas subsiguientes y encuentre cauces eficaces de realización personal.

---

[2] C. ROGERS, *El proceso de convertirse en persona*, Biblioteca de psiquiatría, psicopatología y psicoanalítica, Paidós, Barcelona 1989.

[3] J. F. VALDERRÁBANO, *El acompañamiento espiritual en la formación para la Vida Religiosa*, I.V.R., Madrid 1983.

.

Capítulo 2

Vida espiritual y catequesis

El hombre es un ser temporal que madura psicológicamente en el espacio y en el tiempo a través de las relaciones que con él establecen y de las que él mismo es protagonista. Es la selección de posibilidades lo que hace que el hombre se apropie de aquello que elige y lo incorpore a su ser; esta «apropiación» va creando en él una forma estable de conformarse que constituye su talante personal. Su tarea principal es ser él mismo en un mundo complejo que condiciona la libertad e impone modos de pensar y de vivir sujetos a intereses hábilmente manejados. Los aspectos más importantes de la vida, es decir, los que la dotan de sentido y significados, no se aprenden, reciben o aparecen por azar; por el contrario, la felicidad exige búsqueda, reflexión, compartir y decisiones. Recuperar el protagonismo de la persona para dirigir responsablemente la vida, ver con claridad lo que hay que hacer, teniendo como horizonte la humanidad a la que se contempla desde el proyecto de Dios revelado en Jesús y continuado por la Iglesia, es el contenido de la vida espiritual.

Estos dinamismos superan lo conceptual y el voluntarismo, y se generan sobre todo desde la apertura, la gratuidad, la contemplación y la disponibilidad. Desde la afirmación, llena de confianza y esperanza, de que Dios es Padre de un Pueblo de hermanos, cada creyente trata de descubrir la continuidad entre la voluntad de Dios y la propia existencia, lo cual supone la superación de intereses egoístas y la opción preferencial por el pobre.

1. Educar en la fe es ayudar a madurar vocacionalmente

Crecer como persona cristiana significa estructurar y fundamentar la personalidad humana en cada una de las etapas evolutivas según los valores del evangelio como el centro que da unidad y armonía a todas las facetas de la vida de la persona. La vocación marca la dirección en la que se quiere caminar, y todo lo demás queda relativizado, es decir, referido y supeditado a esta opción fundamental. La vocación cristiana —como expresa el Credo— es trinitaria, cristocéntrica, eclesial y ecuménica. Este don de Dios se acoge en la vida e historia de los hombres a través de los acontecimientos liberadores vividos desde el misterio de Cristo que da a la vida del creyente un horizonte escatológico.

Dominar y señorear la naturaleza en un mundo tecnificado, convivir con los otros hombres sintiéndose hermano de todos y adorar a Dios como hijo, son los ejes fundamentales de la vocación del cristiano. Por lo tanto, la labor de acompañamiento está en ayudar a conjuntar las necesidades e intereses de la persona con las vivencias cristianas para llegar a la identificación vocacional; este proceso se compone de etapas, elementos, experiencias y acción del animador.

La relación educativa del acompañamiento espiritual tiene tres dimensiones en relación dialéctica: la interioridad, la comunitariedad y el compromiso. Estas dimensiones han de ser propuestas, descubiertas y asumidas como valiosas para que progresivamente se vaya formando la persona con vida interior, fraterna y solidaria. El catequista ayudará a explicitar y situar cada una de estas dimensiones en el conjunto de la vida de la persona.

2. Catequesis y acompañamiento

En la práctica, evangelización y catequesis se confunden, pues hay muchos bautizados que no han sido suficientemente evangelizados y en la catequesis falta el acompañamiento personal que facilite la conversión. Del concilio de Trento al Vaticano II la catequesis consistió principalmente en la explicación de los contenidos de la fe o doctrina cristiana, cuidando su integridad y ortodoxia y pensando fundamentalmente en el niño. A principios de siglo se siente en la catequesis la influencia del método intuitivo-activo y del expositivo-dialogal; los contenidos de la catequesis se renuevan por la influencia de la teología kerigmática y se recupera la importancia de la palabra de Dios en la transmisión del mensaje. En los años sesenta surge la catequesis de la experiencia no como un medio o modalidad más del quehacer catequético, sino como planteamiento básico. Esta línea catequética se ha desarrollado en América Latina dando importancia a la situación sociopolítica que viven los destinatarios y a la acción profética y liberadora.

Las principales adquisiciones en la praxis catequística son las siguientes: la iniciación cristiana como proceso unitario, la educación de la fe como algo que afecta a toda la persona, la comunidad cristiana como el lugar idóneo de la acción catequética, la importancia del catecumenado y la maduración vocacional como meta y contenido del proceso catequético. A todos estos logros habría que añadir un elemento, muy productivo en sí mismo y que además puede armonizar y dar coherencia al conjunto de la praxis catequética y pastoral de la Iglesia; nos referimos al acompañamiento del catequista respecto al grupo y de cada uno de sus componentes. Entendemos el acompañamiento en un sentido amplio y en un sentido estricto; en la primera de las acepciones es la necesaria presencia del catequista en el ámbito donde ejerce su ministerio, el conocimiento de los catequizandos y de su entorno, la preocupación por ellos más allá de la sesión de catequesis, la animación de actividades complementarias y la entrevista personal. En la segunda de las acepciones, se da la relación de ayuda entre el catequista y el catecúmeno con carácter periódico, sistemático y según metodología apropiada; el acompañamiento en estos términos es propio de la adolescencia, juventud y adultez, ya sea para asegurar el proceso catecumenal o porque la persona está en un momento crítico de su maduración cristiana y necesita clarificarse antes de tomar decisiones.

3. La comunidad, ámbito de la maduración vocacional

La fe cristiana es una experiencia de profundidad que empieza por el conocimiento y aceptación integradora de uno mismo en el plan de Dios. Ahora bien, el encuentro personal no se da aislado del encuentro con los demás; la persona y el grupo viven el mismo proceso, cuya clave es la conversión y su término es la identificación vocacional. El grupo se constituye por la «toma de conciencia» por parte de cada uno de sus componentes respecto de la especificidad del grupo y de la tarea que lleva entre manos. Para que un grupo o comunidad cristiana sea significativo como acompañante, debe ser consciente del lugar donde está encarnado, del fin que persigue, las relaciones que promueve y los medios que utiliza. Cuando la comunidad vivencia los valores del Reino y trabaja por ellos, la convivencia y el encuentro entre sus miembros es el mejor ambiente formativo. No hay maduración sin sentido de pertenencia; ahora bien, la pertenencia no es algo que se consiga por planteamientos intelectuales o normativos, sino en la relación interpersonal de cada día. Sólo una comunidad que convoca, acompaña y recibe puede educar en la fe; la comunidad concreta es medio insoslayable para descubrir y vivir la pertenencia a la Iglesia universal. No en vano el Vaticano II orientó su labor a la Iglesia como sacramento de Cristo y pueblo de Dios unido en el amor trinitario (cf LG 7-10). Esta comprensión conciliar cambia el planteamiento de la espiritualidad cristiana y de la acción pastoral: «Fue voluntad de Dios el santificar y salvar a los hombres, no aisladamente sin conexión alguna de unos con otros, sino constituyendo un pueblo que le confesara en verdad y le sirviera santamente» (LG 9).

En el ámbito comunitario es donde mejor se puede sentir la cercanía de Dios Padre, aprender la fraternidad y estar atento a la voz del Espíritu que llama sin cesar. Este aprendizaje de la vida nueva lo celebra la comunidad en la liturgia y lo manifiesta en el compromiso en medio del mundo; la comunidad cristiana impacta en el medio ambiente donde está inserta cuando puede decir a las gentes con verdad «ven y verás» y estos pueden exclamar «mirad cómo se aman». Esta mística comunitaria es «hogar y taller» del nacimiento a la vida cristiana y de su mantenimiento; es decir, es lugar de formación permanente que mantenga viva la búsqueda de la voluntad de Dios a través de los cambiantes signos de los tiempos.

Las relaciones interpersonales, el diálogo en profundidad, la aceptación incondicional, la celebración de la vida en el misterio cristiano, el discernimiento comunitario y la presencia comprometida en el entorno, son los elementos debidamente conjuntados a través de los cuales la comunidad acompaña y sostiene el crecimiento de sus miembros. Toda esta labor exige un animador de grupo que pueda acompañar personalmente a cada uno de los miembros y les ayude a lograr sus aspiraciones en el seguimiento de Jesús.

4. La pedagogía divina inspira la pedagogía catequética

Al hablar de la fundamentación teológica hemos visto cómo Dios toma la iniciativa desde la misma situación que vive el hombre, se autocomunica de forma personal y plena, asume la condición humana poniéndose en nuestro lugar y da la vida por todos sin excepción. Esta es la pedagogía divina y es también la pedagogía de la educación de la fe: por lo mismo, marca la actuación del creyente que desempeña este servicio en la comunidad cristiana. Veamos en qué consiste, etapas y condiciones para realizar este ministerio.

Como tratamos de los niveles más profundos del ser humano, que se desean estructurar según la identidad cristiana, no podemos menos de decir que el acompañamiento es una oferta por la que se opta libremente. No es posible esta elección sin un conocimiento e interés por lo que constituye el contenido de aquello que se elige.

El primer paso es el descubrimiento de que merece tomarse la vida en serio y dotar de sentido los actos; ahora bien, el descubrimiento no es posible sin la actitud de búsqueda, y ésta únicamente se da cuando la persona sale de su indiferencia o dispersión y con afán procura respuesta a los problemas más importantes de su vida. Mover los corazones de tantos hombres y mujeres, sobre todo jóvenes, llenos de muchas cosas, pero insatisfechos en lo fundamental, es recuperar el talante misionero y evangelizador de la Iglesia; si no se da esta primera convocatoria no hay proceso subsiguiente.

Los interrogantes vitales que se han de responder en grupo y en diálogo personalizador son los siguientes: qué busco, quién soy, cómo vivo, dónde estoy, cómo me relaciono, cuáles son mis ideales, qué significan para mí Jesús de Nazaret y la Iglesia, cómo puedo encauzar mis problemas, qué puedo hacer por los demás, etc. Las respuestas no se pueden dar de una vez y para siempre; tanto la pregunta como la respuesta tienen más de vital que de conceptual, de riesgo que de seguridad, de aprendizaje que de posesión. El testimonio de los educadores de la fe es la oferta más convincente y eficaz, sólo ella puede animar a los reticentes a ponerse en marcha con confianza e ilusión.

El paso siguiente es crucial y exige una labor personalizada en mayor grado y con más tino. Los valores que se van descubriendo en la catequesis deben incorporarse ordenadamente, es decir, según la axiología del evangelio. Hay un valor o valores que situados en el centro de la persona organizan y relativizan todos los demás, dando a la vida orientación y unidad; desde esta opción fundamental se tomarán las demás decisiones en el futuro. Este momento del proceso es estructurante de la personalidad cristiana en sus aspectos fundamentales y se vive normalmente en la adolescencia y juventud. La relación periódica y sistemática con el acompañante no está aún valorada lo suficiente en los planes catecumenales. La experiencia evangélica de la conversión radical, clave del seguimiento de Jesús, tiene en la catequesis posconciliar un puesto relevante, pero no se ha articulado lo suficiente su pedagogía. Si el catecúmeno no consigue asumir la jerarquización axiológica del hombre nuevo será muy difícil que llegue a formular un proyecto de vida específicamente cristiano; este fallo se relaciona sin duda alguna con la crisis vocacional que arrastra la Iglesia desde hace años.

El tercer paso. Metodológicamente, de la realidad se parte y a la realidad se vuelve, previa iluminación desde la fe; no se trata de interpretar mejor la historia, sino de hacerla más libre, justa y solidaria, y esto sólo es posible cuando se lucha desde las propias convicciones que se ofrecen como el mejor cauce para la realización de «todo hombre y de todos los hombres». El final consiste en la verificación de la fe en la vida cotidiana; nos referimos a la confesión de fe, la celebración sacramental y la praxis transformadora de la realidad. Esta última etapa supone las dos anteriores, pues sólo se puede socializar lo que se ha descubierto como valioso y se ha incorporado a la persona no como un aspecto más, sino como el elemento organizador.

5. Acompañamiento del proceso de conversión

El acompañamiento como acción catequética específica principia cuando la persona decide ponerse en camino e iniciar un proceso (conversión inicial); para ello debe tener edad suficiente y conocimiento mínimo de las exigencias que esto lleva consigo. La primera dificultad está en la necesidad de asumir el pasado desde la óptica de la gracia que sitúa al hombre en una dimensión nueva; la aceptación personal responsabiliza y abre a la experiencia de confianza radical en Aquel que todo lo puede desde el amor incondicional que nos tiene.

El punto de llegada se da cuando la persona formula un proyecto de vida desde la fe que engloba los aspectos personales, relacionales y estructurales en los que se desarrolla la existencia de los hombres. A través de todo ello —vida, acción y palabra—, se trata de extender el reino de Dios, eje y meta de la identidad cristiana. Al llegar este momento culminante del caminar cristiano, el acompañante debe ayudar a que el acompañado responda personal y existencialmente a la cuestión decisiva en el seguimiento: «¿cómo y dónde serviré más y mejor a los hombres?». La propia historia, las aptitudes personales, la interpelación de Dios, la apertura a la fraternidad universal, las necesidades eclesiales, el discernimiento comunitario, etc., ayudarán a cada miembro del grupo a encontrar su vocación. La concreción vocacional tendrá garantía evangélica si se hace desde la actitud de disponibilidad total y radical para hacer la voluntad de Dios; este descentramiento de los planes propios y el centramiento en Dios y su justicia constituyen el núcleo de la madurez cristiana y marcan los perfiles de la espiritualidad evangélica.

Las etapas de la conversión son sucesivas, complementarias, armónicas y convergentes. Cada etapa supone la anterior y prepara la siguiente; es decir, se siguen por el principio de gradualidad dentro de un proceso unitario. En cada etapa deben cultivarse todos los aspectos de la maduración de la personalidad cristiana, aunque en cada una de ellas se acentúe más uno o varios de los elementos constitutivos. El modelo gráfico de este proceso no es el lineal yuxtapuesto sino el cíclico concéntrico representado en la figura de la espiral, que expresa el crecimiento hacia la madurez por medio de sucesivos cambios de criterios, actitudes y comportamientos.

La primera etapa se llama de sensibilización porque pretende que la persona en proceso de maduración de fe se plantee la necesidad del proyecto de vida como objetivo y la importancia del acompañamiento como medio para la adecuada formulación del mismo. Nada mejor para ello que el testimonio interpelante de creyentes adultos que ofrecen proyectos de vida específicos y distintos, al servicio de la causa del Reino.

Los más inquietos que van «cayendo en la cuenta» de lo que supone creer, los que sienten interés por encontrar sentido a su vida y no están instalados son las personas idóneas para ofrecerles un acompañamiento personalizado desde la búsqueda compartida y orientada. Al principio todo está confuso, predomina la emoción y se tiene prisa en ver con claridad el modo de resolver todos los problemas. La indefinición propia de esta etapa exige tiempo, paciencia y mucha libertad de espíritu. Poco a poco y en clima de oración, conviene ir entrando en el análisis de aspectos concretos que facilitan la aceptación personal, las relaciones fraternas y la apertura solidaria al plan de Dios en el mundo.

A medida que el evangelio se hace carne y el proyecto de Jesús nos va «cogiendo por dentro» es necesario afinar el punto de mira; hemos llegado a la etapa de discernimiento, que se caracteriza por el hecho de revisar motivaciones, medir posibilidades y contrastar puntos de vista. Todo ello se encamina a comprobar y fundamentar la actitud de disponibilidad respecto de la voluntad de Dios. El discernimiento se debe aplicar a los aspectos más importantes de la vida y en los momentos de tomar decisiones, tales como la elección vocacional o la formulación del proyecto de vida. La iniciativa le corresponde al acompañado, pues la función del acompañante es asegurar las condiciones óptimas de objetividad para ver realmente lo que Dios pide a cada persona en un momento significativo de su vida. La mejor señal de que se va por los derroteros que el Señor quiere es la sensación de paz interior a pesar de los miedos, dudas y dificultades que pueda suponer una elección concreta en la que se compromete el futuro. Cada decisión suele venir como consecuencia de determinados planteamientos de fe que ponen en crisis al creyente y facilitan una nueva síntesis vital que ilumina el paso siguiente en el crecimiento personal, que nunca termina, aunque tenga períodos de maduración básica.

La vocación personal germina en la vivencia de sentirse querido por Dios de forma personal y desconcertante; este amor, amor incondicional, hace brotar el deseo de hacer algo significativo por la humanidad. La incorporación a grupos o comunidades con los que proyectar la vida marca la última etapa del acompañamiento personal en el período evolutivo en el que se estructura básicamente la personalidad cristiana; en la comunidad encontrará el cristiano los apoyos y cauces apropiados para realizar el proyecto de vida como continuidad histórica de la voluntad de Dios.

Capítulo 3

Espiritualidad
y pastoral de personalización

El concilio Vaticano II supuso un esfuerzo grande y acertado para definir las líneas generales de la espiritualidad del bautizado, la superación de las dependencias monástico-clericales y la resituación de lo propio de la espiritualidad en el ministerio trinitario y en la eclesiología de comunión. Para llevar a cabo esta tarea el capítulo 2 y 4 de LG, así como GS y AA son documentos imprescindibles. Posteriormente la encíclica *Christifideles laici* de Juan Pablo II ha venido a completar esta nueva visión. Los contenidos teológicos y vivenciales están claramente expuestos en los documentos del magisterio y en los tratados teológicos.

La pastoral juvenil también ha dado un gran avance al referenciar los proyectos pastorales a los procesos de conversión, la maduración vocacional, la incorporación progresiva a la comunidad cristiana y la espiritualidad cristiana. Este procedimiento pastoral está claro a nivel de criterios orientadores; en la práctica la pastoral juvenil es excesivamente plural y, en algunos casos, no cuida lo suficiente alguno de los elementos constitutivos y estructurantes de la misma. Sigue faltando a nivel general de la Iglesia una pastoral juvenil que termine en opciones vocacionales, es decir, que facilite a los jóvenes que en ella están y que de ella salen el vivir según la espirituali-

na la vida cotidiana. Ello se debe en buena alta de personalización de la fe, a una relación oco afectiva y a la falta de maestros del espído esto queremos hablar en este capítulo, para terminar ofreciendo algunas pautas de actuación.

1. La espiritualidad cristiana

Por espiritualidad cristiana entendemos la manera de vivir inspirada y animada por el Espíritu Santo que Cristo resucitado nos envió. A la luz del Evangelio de Jesús, vemos cómo el amor del Padre se revela en lo menos divino —el pobre, el pecador, la cruz—, y cómo no podemos encontrar a Dios fuera de la vida y de la historia.

La espiritualidad cristiana consiste en orar, trabajar, celebrar, compartir, vivir y comprometerse desde la Pascua de Cristo, el don del Espíritu y la comunidad eclesial. El cristiano maduro procura seguir a Jesús sin perder su propia autonomía; aquí actúa el Espíritu Santo y en esto consiste su importancia decisiva: potenciar la trascendencia de lo humano. «Los laicos como adoradores en todo lugar y obrando santamente, consagran a Dios el mundo mismo» (LG 34). La nueva visión de la espiritualidad de los laicos está en el Vaticano II, principalmente en LG nn. 26,31,34 y 35; AA nn. 2,4,7,19,29; AG n. 21 y GS n. 43. La Conferencia Episcopal Alemana preparando el Sínodo sobre los laicos dice: «El laico en sentido estricto es, por tanto, un cristiano que expresa de forma ejemplar la realidad de la Iglesia y su misión en el mundo».

En algunos momentos de la historia de la espiritualidad cristiana ha estado presente esta característica de forma significativa. El «Cántico de las criaturas» de san Francisco, la «Contemplación para alcanzar amor» de san Ignacio y el «Cántico espiritual» de san Juan de la Cruz, son tres magníficas expresiones, ricas en contenidos y plenamente actuales.

La visión cristiana de la vida lleva a:
— Descubrir el valor de las realidades humanas. Amar todo lo humano y, especialmente, al hombre desde y por Dios, pero también por él mismo. Una y otra cosa no son contrapuestas.
— Vivir con gratuidad y entrega como talante existencial que integra el sufrimiento, el riesgo, el placer y las propias limitaciones.
— Participar en la comunidad de fe creadora de fraternidad. En el mundo y en la historia el seguidor de Jesús aprende y colabora (GS 21; 75), discierne los signos de los tiempos (GS 44) y procura mejorar las relaciones y estructuras (GS 37).
— Hacer la opción preferencial por los pobres. En épocas anteriores, la pobreza se consideraba como una «cuestión social» que se resolvía desde la moral (justicia) o la acción caritativa, pues se consideraba como algo inherente a la naturaleza humana; hoy la realidad de pobreza se ve como lugar teológico donde se puede vivir el encuentro con el Dios de Jesús y la liberación de los hermanos. Esta opción implica entender el compromiso político como algo propio de la vocación cristiana (GS 75); si es así, tenemos que seguir recuperando la dimensión pública de la fe cristiana.
— Ilusionarse con la vocación universal a la santidad que pasa por la mediación de las realidades terrenas: los estudios, el trabajo, la ética profesional, la afectividad, el estilo de vida, el uso del dinero, el empleo del tiempo libre, la militancia, etc. En todos estos ámbitos, el creyente trata de vivir el seguimiento de Jesús, es decir, trata de ver, pensar y actuar como lo haría Jesús aquí y ahora. El Espíritu Santo nos capacita para esta tarea, pero la gracia de Dios, no solamente no suple nuestro empeño, sino que nos compromete cada vez más. La oración insistente, mantiene el don y la tarea en perfecta armonía; no necesitamos pedir cosas, necesitamos a Dios para abrirnos a un nuevo horizonte (Rom 8,12-16).

2. Afectividad y espiritualidad

Todo lo expuesto en el apartado anterior sobre la espiritualidad del cristiano necesita un trasfondo afectivo. Sabemos la importancia que tienen en la configuración de la imagen de Dios en el niño la figura materna y paterna. El paso que la vida, las personas y las relaciones van dejando en el ser humano, a lo largo de las etapas de evolución psicológica, hacen que este se configure por la actitud de confianza y optimismo ante el futuro, o bien por la actitud de repliegue y temor ante todo lo que le transciende. La experiencia de sentirnos incondicionalmente aceptados y queridos es decisiva para tener una relación afectiva con Dios.

Muchos jóvenes viven la relación con Dios centrada en Jesús, modelo de creyente y ejemplo de persona comprometida por una causa. Se sienten más vinculados a la causa de Jesús que a su persona. Aquí es muy importante descubrir el absoluto de Dios en la persona y mensaje de Jesús para identificarse con los misterios de su vida y vincularse a Cristo resucitado, señor de la historia. El evangelio de Juan puede ser de mucha ayuda en el camino de la relación afectiva con Dios a través de Jesús, que se manifiesta vinculado al Padre y a nosotros en unidad de amor y entrega.

Desde el punto de vista pedagógico, el acompañante buscará que el joven viva equilibradamente:

— Lo afectivo y lo reflexivo en la relación con Dios. Esto supone armonía existencial entre oración y compromiso, fe y vida, interioridad y socialización de los valores.

— La apertura a la palabra de Dios, y la subjetividad de la experiencia religiosa. Lo afectivo y lo subjetivo siempre tienden a ser reduccionistas y utilitaristas. La objetividad de la palabra de Dios ayuda a superar los propios deseos y metas, y favorece el surgimiento de la actitud de disponibilidad.

— La docilidad al Espíritu (Rom 5) para que el

joven creyente crezca en vida teologal; es decir, para que sitúe todo lo que es y tiene desde Dios. Esta vida teologal se expresa a través de los siguientes rasgos: la centralidad de la voluntad de Dios en la vida personal, la fe como sentido globalizador de la existencia humana, el amor gratuito de Dios como justificación para el creyente más allá de las limitaciones morales y la iluminación interior que permite ver el significado último de las cosas. La vida teologal despeja las paradojas del evangelio: preocupación por todo lo que humaniza y desasimiento de todo apego desordenado, la verdad humilde de las propias limitaciones y confianza total en Dios, responsabilidad en la construcción del Reino y paz de saber que el protagonista es Dios.

— El adolescente y el joven creyente, necesitan liberarse del superego recibido (fe sociológica-ambiental), pasar por la crisis de crecimiento que es la autonomía y terminar en la fe personal como obediencia al Padre y disponibilidad para entregarse a los más necesitados. Al llegar a este grado de madurez, podemos decir que la relación con Dios se vive con afectividad sana y humanizadora.

3. La experiencia de Dios: reto de la pastoral de juventud

La juventud es una etapa de la vida en la que se tiene mucha necesidad de experimentar todo lo que se va presentando de manera inmediata y concreta. ¿Qué respuesta puede dar la comunidad cristiana a los jóvenes? En primer lugar, sólo nos podemos encontrar con los jóvenes allí donde ellos están; la actitud misionera propia de la nueva evangelización y los proyectos solidarios son los que mejor pueden facilitar el encuentro con los jóvenes y la comunicación interpersonal con ellos. La construcción del reino de Dios es el marco privilegiado para la pastoral juvenil, llevada a cabo por agentes de pastoral que viven la comunidad de fe y apuestan por la evangelización desde presencias significativas, proféticas y cercanas al hombre de hoy. Los proyectos concretos de pastoral de juventud dependerán de los jóvenes a quienes vayan dirigidos: marginados, alejados, con fe sociológica, en proceso de fe y para pequeñas comunidades juveniles. El requisito para ser catequista de jóvenes es tener una fe consolidada y sentirse enviado por la comunidad. La pastoral de juventud necesita seguir recuperando en sus itinerarios catecumenales la centralidad de la vocación y de la comunidad. El acompañante espiritual en este tipo de pastoral procurará que:

— Los jóvenes tengan una experiencia de Dios profundamente afectiva y referenciada a los más pobres. En estas coordenadas redescubrirán su vocación bautismal de hijos y hermanos.

— La propuesta vocacional se oiga más y mejor porque el creyente tiene puesto el corazón en el Reino desde la vivencia comunitaria de la fe. Identidad (Opción fundamental por Jesús), pertenencia eclesial (desde la pequeña comunidad laical) y referencia (a los más pobres) son tres aspectos que si se interrelacionan en la educación de la fe, facilitan el progreso catecumenal y vocacional.

— Cada joven viva la seducción del amor de Dios para poder plantearse con libertad de corazón: cómo y dónde me siento llamado a vivir la vocación cristiana. Esta interrogante será el hilo conductor de todas las acciones y procesos pastorales.

— En las etapas más avanzadas del proyecto de pastoral juvenil (cf Iniciación cristiana de adultos) los animadores de grupos juveniles deben plantearse las siguientes preguntas: ¿Cómo puede surgir el diálogo vocacional? ¿Qué experiencias tienen que vivir los jóvenes para que este diálogo sea posible? y ¿qué proceso hay que seguir para llegar al discernimiento vocacional? Para que

44

vaya germinando la vocación es menester que entre valores interiorizados, ideales mantenidos y deseos haya la mayor convergencia posible. El acompañante recordará frecuentemente a los jóvenes que el descubrimiento de la voluntad de Dios es una gracia que se recibe cuando se pide insistentemente en la oración de completa disponibilidad.

4. La personalización como método pastoral

El primer presupuesto de cualquier tipo de pastoral está en el diálogo sereno, positivo y crítico con la cultura y la antropología. Esta afirmación es tal porque la revelación cristiana pide a los creyentes que tengamos como horizonte básico y universal la construcción del reino de Dios aquí y ahora. Pedagógicamente, una pastoral de personalización es un trabajo lento, globalizador y de óptimos resultados a largo plazo. También es una alternativa metodológica frente a otras formas de educar la fe; dadas las exigencias de la espiritualidad cristiana y de la pastoral juvenil-vocacional creemos que la personalización es el mejor método para profundizar la fe y ayudar a madurar la vocación.

Durante muchos años, nuestro modelo educativo ha consistido en la transmisión de contenidos claros y precisos y en la forma concreta de practicarlos, tanto para aprenderlos (incorporarlos) como para vivirlos. Estos modelos tenían referencias que funcionaban como ideales del yo y avivaban el deseo de la persona de asemejarse al ideal. El problema de este modelo es que apoyándose en dos pilares importantísimos —motivaciones e ideales—, olvida la problemática de la realidad personal de cada persona, que tiene que ir creciendo poco a poco desde sí misma. En todo crecimiento humano y espiritual, lo importante es que el sujeto sea protagonista de su vida y de su historia. Es difícil que esto se consiga con el modelo educativo tradicional. Para mayor profundización en estos temas véanse las obras fundamentales de J. Garrido[1]. Veamos las principales aportaciones de este autor al llamado modelo de personalización.

— La persona tiene estructura dinámica, y la interioridad es fruto del paso e interrelación de las siguientes instancias: autoconciencia (capacidad de reflexionar), intersubjetividad (relaciones interpersonales), praxis transformadora de la realidad, contexto sociocultural y cosmovisión (mundo simbólico significados y valores). La interrelación de estos elementos que hemos citado ayuda al adolescente y al joven que va madurando en interioridad a percibir la realidad a distintos niveles: psicológico (capacidad de objetivar), existencial (decisión de proyectar la vida con otros) y espiritual (fundamentación de la vida en la palabra de Dios).

— El acompañante debe utilizar adecuadamente todas estas instancias en la relación de ayuda, según la edad y situación de las personas a las que acompaña. Y esto por doble motivo: la estructura dinámica de la persona es unitaria y la personalización supone una comprensión integral del ser humano.

Hay un momento decisivo en la vida de los jóvenes, cuando el ideal del yo choca con la realidad y produce ruptura existencial. Es algo profundamente doloroso, pero ayuda a resituar todo y a avanzar en el proceso de maduración. Es el primer paso importante para llegar a fundamentar la vida entera en Dios.

Sin duda alguna, uno de los ámbitos más ciertos y firmes de la manifestación de Dios son los procesos de personalización, por los que nos hacemos persona para Dios y los demás.

---

[1] J. GARRIDO, *Una espiritualidad para hoy. Educación y personalización*, Paulinas, Madrid 1988.

— En la adolescencia y comienzo de la juventud, el incipiente yo personal, libre y autónomo, se va conformando a través de la amistad, de la relación hombre-mujer y a través del descubrimiento de los valores solidarios. El diálogo con los otros y el contraste con educadores adultos ayuda mucho a superar los problemas que se van planteando. En esta etapa hay que dar a los jóvenes abundantes pistas y sugerencias para facilitarles el camino y la capacidad de autocrítica, y de este modo ayudarles a ver la autenticidad de sus motivaciones. El ser humano tiene una estructura antropológica dinámica, pues la persona se mueve por intereses vitales. Estos centros de interés se polarizan en un ideal (estilo, valores, proyecto de vida) que a su vez necesita estar bien fundamentado. Los creyentes cimentamos nuestro ser y hacer, la persona y el futuro, las convicciones y las relaciones en Dios.

— La tarea de personalizar la vida supone siempre la síntesis de contrarios, tales como:

- Estima personal / autocrítica.
- Pulsiones (agresividad libido) / relaciones interpersonales.
- Autonomía (ser uno mismo) / relaciones de cooperación.
- Inmediatez en la satisfacción (ansiedad) / aplazamientos de metas (integrar la frustración).
- Emotivismo (no hay objetividad) / capacidad de objetivizar lo que se siente.
- Falsa seguridad (no enfrentarse a los conflictos) / responsabilidad (afrontar los conflictos).
- Autenticidad (tomar la vida en serio) / mentira (no asumir la vida como tarea).
- Se impone el ambiente (no se dirige la vida) / se busca el sentido de la vida.

- Individualismo (ausencia de relaciones significativas) / vida de grupo desde las ideas, creencias y compromisos.

La unificación de la vida se consigue, sobre todo, cuando hay una personalidad sana capaz de armonizar los elementos anteriores, descubrir afectivamente al tú (otra persona de distinto sexo, Dios) y al apostar por una causa (los más pobres). La llamada de Dios a la vocación concreta de cada uno es inseparable de la base antropológica, pues todo ideal, —según Ortega y Gasset—, está constituido por valores y por intereses vitales, que se interrelacionan mutuamente. Si los valores no se entroncan en los deseos y los potencian, terminan siendo ideología moralizante; y si los intereses vitales no tienen la motivación de los valores pueden terminar en comportamientos egoístas y deshumanizadores.

A mejorar este proceso de justificación de los intereses vitales y su relación con los valores sirve la ascesis cristiana. No es tarea fácil ni rápida; en una sociedad de pluralismo divergente, consumismo y superficialidad, los jóvenes necesitan «maestros de vida y esperanza» que les ayuden a descubrir la sabiduría, pues en ello les va la felicidad personal y el compromiso solidario. Este proceso ayuda al joven en clave de conversión, de itinerario, de grupo y con acompañamiento personal cuidado y sistemático.

— La clarificación de la vocación a través del discernimiento presupone la tarea de personalización que hemos definido en líneas generales. El proceso avanza siempre a través de rupturas o crisis, que al cuestionar la situación anterior propician un nuevo avance. Un momento de este proceso adquiere importancia decisiva; se produce cuando el interesado percibe la falta de correspondencia entre el ideal y su propia realidad. Hasta ahora había mantenido una posición engañosamente optimista: podía cambiarlo todo y no era consciente de las asignaturas pendientes que tenía en su propia vida. Al caer en la cuenta de estos dos aspectos se produce una crisis generalizada que le desmotiva y le paraliza. Es el momento de llamar a las cosas por su nombre, descubrir los autoengaños, el lado oscuro de la personalidad, la interpelación de los más pobres que cuestionan todos los esquemas anteriores, etc. Curiosamente, al tiempo que se pasa mal por los síntomas enumerados, el creyente empieza a sentir más libertad interior, a vislumbrar un horizonte distinto, mucho más denso y real, y nuevas posibilidades. Ante eso los jóvenes reaccionan de manera muy distinta, y el acompañante tiene que estar muy atento para clarificar; las reacciones más frecuentes son: ignorar lo que está pasando, aferrarse al idealismo narcisista que se desmorona, pensar que toda la ayuda tiene que venir de fuera, renunciar a la tarea por ser dura y difícil, y alegrarse por la etapa que se está viviendo. Es difícil precisar un camino común, pues cada creyente reclama una respuesta personalizada, porque la relación con Dios siempre acaece mediatizada por la psicología humana. Evidentemente no significa que la espiritualidad se reduzca a madurez humana, pero no se da sin ella. En el camino de la espiritualidad humana y del acompañamiento no caben dualismos; el acompañante espiritual tiene que ser un experto en leer la acción de Dios a través de los procesos de crecimiento humano y en las repercusiones humanizadoras del seguimiento de Jesús. Esta afirmación incluye el hecho de que la mejor etapa del caminar creyente se produce cuando tenemos la intuición gozosa de que el Espíritu Santo es quien verdaderamente dirige nuestra vida. Al llegar aquí se descubre el verdadero sentido de la vida humana, que está en amar con el amor de Dios hasta la entrega plena del sí en gratuidad y esperanza.

¿Cómo se anima un proceso de personalización?

El acompañante ha de estar muy atento a las intuiciones y a lo que suceda a nivel profundo (toma de conciencia, apertura, decisión) y afectivo (aquello a lo que nos sentimos vinculados). Ahí hay que centrar el quehacer para ir dando respuestas adecuadas según las fases del proceso de maduración. El acompañante ayuda a dar nombre a lo que irrumpe como novedad, ayuda a asumir lo que se creía superado y da apoyo afectivo cuando el joven tiene la impresión de no avanzar. De esta forma cada persona va descubriendo la riqueza interior que posee y puede dirigir conscientemente la propia vida.

Las referencias para interpretar lo que sucede y buscar pistas de futuro son: el mundo pulsional (inconsciente), el autoconocimiento, las relaciones interpersonales, lo psicoafectivo y la actitud religiosa (relación con Dios).

La oración acompañará el camino de personalización con tono profundamente afectivo y con referencias constantes a la vida cotidiana, a los cercanos y a los más necesitados.

El joven puede poner por escrito lo que va viviendo, pues le ayudará a objetivar muchas vivencias. Cada semana y mensualmente puede recoger lo vivido y proyectar lo que va a vivir en los próximos días. Estas notas —fruto de experiencia y reflexión objetivadora— le ayudarán en el diálogo de la relación de ayuda; el acompañante procurará clarificarle el proceso en el que se halla por la síntesis entre lo psicológico y lo espiritual, y la confrontación entre realidad e ideales. La prueba de que el interesado quiere vivir el proceso de personalización está en la alegría por los nuevos horizontes descubiertos y en la confianza en la persona que le acompaña.

Capítulo 4

El cauce psicopedagógico de la relación de ayuda

Ayudar significa facilitar a otra persona un aprendizaje que le lleve a mejorar progresivamente en las ideas, las actitudes o los comportamientos. Nadie se mejora si no es a través de una percepción positiva de sí mismo y de sus posibilidades. El cambio se inicia siempre en el sujeto, no fuera de él; con todo, la persona orientada debe tener una actitud de apertura para recibir todo aquello que le lleve a tener conciencia más clara de su situación, posibilidades, aspiraciones, motivaciones y dificultades. En lo profundo del psiquismo humano hay gran cantidad de contenidos que deben emerger y hacerse conscientes al sujeto.

Esta tarea de tomar conciencia del propio yo es muy difícil poderla realizar sin alguien cercano que, a través de la comunicación interpersonal y el intercambio de significaciones, sea para el orientado un espejo que le clarifique y motive. Sólo lo experienciado tiene capacidad y posibilidad de cambio. «El hecho fundamental de la existencia humana no es el individuo en cuanto tal ni la colectividad en cuanto tal. Ambas cosas consideradas en sí mismas no pasan de ser formidables abstracciones. El hecho fundamental de la existencia humana es el hombre con el hombre»[1].

---

[1] M. Buber, *¿Qué es el hombre?*, FCE, Madrid 1990⁵, 146.

Esta forma de entender la relación de ayuda se llamó de no-directividad; el mismo C. Rogers nos advierte que es más exacto hablar de «terapia centrada en la persona», es decir, en «el significado subjetivo que un individuo atribuye a todo aquello que sucede en su mundo interior y en el de su entorno» (Y. Saint-Arnaud).

1. Las fases en la relación de ayuda.

Las fases en la relación de ayuda son las siguientes:

> — *Consciencia suficiente de la situación personal.* El conocimiento de la situación consiste en la percepción del desajuste entre lo que la persona es y las referencias que tiene. Este es el primer paso para poder solucionar un problema o conflicto.

> — *Capacidad de reorganización racional.* Entre los aspectos de realidad, de emotividad y de razón hay una distorsión que requiere iluminación nueva para reestructurar el conjunto. La iluminación implica elementos de conocimiento, de motivación y de posibilidades.

> — *Cambio de comportamiento.* Es la puesta en práctica de lo anterior; la nueva reorganización exige medios y tiempo para que pueda ser real y se traduzca en una mayor integración, un sentido nuevo y mayor realización personal.

Comprender a alguien es participar de la totalidad de su vida de forma dinámica, es decir, buscando las causas de lo que sucede, aportando luz y mirando a un futuro nuevo.

2. La persona orientada

Cada persona tiene una visión de la realidad y obra en consecuencia. Al entrar en relación interpersonal surgen bloqueos, defensas y justificaciones. Normalmente la persona que consulta trata de resolver problemas, que se le han presentado en el momento presente o que vienen de los años de infancia. Una parte del problema suele ser consciente y otra, por múltiples causas, es inconsciente; aquí reside una de las tareas importantes de la relación de ayuda: procurar que la persona sea consciente de sus vivencias. A esto se llama «la experiencia de las experiencias; por lo mismo, no es la clarificación conceptual lo primero ni lo más importante. Es necesario que el joven orientado logre llegar al núcleo donde están los sentimientos para ver cómo percibe los hechos y qué reacciones tiene ante los mismos. Cuando hay convergencia interna entre la experiencia y su representación en la conciencia, la persona se siente integrada. Si no es así, surge la angustia. La relación de ayuda no trata tanto de eliminar la angustia cuanto de facilitar el ajuste entre lo que se vive y su representación.

La cosmovisión que las personas tienen ayuda a integrarse en la realidad, protegen del exterior y ayudan a transformar el mundo. Las tres funciones se dan; los problemas surgen cuando hay polarización en alguna de ellas y eliminación de las otras. Este reduccionismo es síntoma claro de desajuste personal y acarreará constantes problemas en la vida y relaciones de la persona afectada. En la relación de ayuda los orientadores se encuentran con jóvenes cuya estructura personal está marcada por alguno de estos rasgos: la dependencia total de los adultos o la autoridad, la huida constante de la realidad y el refugio en lo imaginario, la hiperemotividad que distorsiona la percepción objetiva de la realidad, la timidez que inhibe comportamientos deseados y la autopercepción negativa de sí mismo.

3. El orientador

Se define ante todo como una persona cercana, acogedora, de escucha atenta y sensible respecto de todo lo que vive la otra persona. Dice C. Rogers: «Cuando el cliente percibe, en grado mínimo la autenticidad del orientador y la aceptación y empatía que el orientador experimenta hacia él, se puede predecir el desarrollo de la personalidad y el cambio en el comportamiento». El orientador ayuda sobre todo por lo que es; de ahí la importancia de que haya unidad en su persona, entre el mundo interior y el exterior, entre lo mental y lo afectivo, entre su vida personal y profesional. No puede tomar conciencia de la otra y su situación problemática si antes no ha tomado conciencia de su propia situación.

Más importante que las técnicas son las actitudes personales de la persona que orienta y el tipo de persona que es. Para el orientador lo fundamental es cómo me sitúo frente a la realidad del otro; la forma de situarse es la tendencia constante a percibir y a responder a los demás de una manera determinada. El orientador necesita tres actitudes básicas [2]:

— *La congruencia o acuerdo interno* entre la conciencia (darse cuenta) y la vivencia de lo que es aprehendido por la conciencia. Cuando no hay desacuerdo entre lo interior y lo exterior tenemos una persona bien comunicada que puede dar al otro su mundo interior sin absolutizarlo en juicios valorativos o normativos.

— *La aceptación incondicional* para aceptar al otro tal y como es, en la situación en que se encuentra prescindiendo de toda evaluación y crítica. Esta imparcialidad es necesaria para poder hacerse cargo de la realidad personal; es una cordialidad no-posesión que permite ser neutral ante los hechos y situaciones. Esta actitud permi-

---

[2] Cf J. M. MARTÍNEZ, *El educador y su función orientadora*, San Pío X, Madrid 1980.

te al orientador decidir por sí mismo y en libertad lo que quiere hacer o ser.

— *La empatía.* Es el resultado de las dos actitudes anteriores y trata de aunar la aceptación incondicional del otro con la necesaria tarea de orientarle en su situación. La conjunción de estos dos elementos constituye la auténtica y profunda comprensión de la otra persona. La empatía no supone identificación emocional (simpatía), y trata de captar el mundo del otro desde el otro, es decir, desde su marco referencial. Sólo así se puede captar su mundo interior; captación que empieza por la «escucha activa».

4. La relación de ayuda

Se centra en la persona a la que se quiere orientar y ayudar, no en los problemas que tenga ni en el saber del orientador. La relación de ayuda parte de la empatía, ayuda al orientado a ver mejor su situación y facilita las claves para que el interesado reformule operativamente su vida. El orientador debe mantener una cierta distancia de la emocionalidad de la otra persona para evitar cualquier dependencia afectiva en la relación. No obstante, sin transferencia no se pueden analizar las vivencias problemáticas; en la terapia no-directiva la transferencia está al servicio de la relación de ayuda y en ella se diluye.

R. Carkhuft, discípulo de C. Rogers, articula el método en cuatro momentos[3]:

— Acogida y escucha atenta. Importa el local, la disposición en la conversación y el lenguaje no verbal.

— Facilitar la comunicación con nuevas intervenciones que posibiliten la auto-explicación.

— Ayudar a la persona a comprender y asumir

---

[3] J. M. FUSTER, *Cómo potenciar la autorrealización*, Mensajero, Bilbao 1977.

la situación, tanto en la génesis de la misma
como en sus posibles soluciones.

— Búsqueda de tareas graduales para ir superando las dificultades y solucionando los problemas.

El cambio que busca la relación de ayuda debe darse
en los sentimientos, en la forma de experienciar lo que se
vive, en los esquemas interpretativos y en la relación con
los demás. Es la totalidad de la vida de la otra persona
la que está en juego y a ella deben estar orientados todos
los elementos de la relación de ayuda. La solución está
dentro del sujeto que busca orientación; es la autoexplo-
ración, los nuevos significados y la motivación lo que más
puede ayudar al cambio. Las respuestas «recetas», de
«moralización» o de simple «apoyo afectivo» no son apropiadas y casi siempre inoperantes.

Capítulo 5

El acompañamiento espiritual

Tiene sentido hablar de acompañamiento espiritual cuando se trata de personas que están en un proceso catecumenal para madurar su fe como opción personal, como identificación eclesial y como compromiso por el Reino. La palabra de Dios, la persona de Jesús, la comunidad cristiana y las bienaventuranzas suscitan nuevas formas de pensar y de situarse ante la realidad. El proyecto de Dios es llamada personal, y cada creyente responde con total libertad; nada ni nadie le coacciona, la gracia de Dios es invitación y nadie le puede reemplazar en la respuesta.

La llamada de Dios a acoger la salvación y a construir la nueva humanidad se da desde dentro del mundo en que vivimos (cf EN 18-19). La fe es personal y encarnada al mismo tiempo; el elemento que facilita uno y otro aspecto es la comunidad de creyentes, la presencia de adultos y el testimonio de testigos cualificados de la fe.

Todos estos aspectos no suplen en el joven creyente el proceso de interiorización y personalización que tiene que hacer para llegar a vivir la fe como opción fundamental y respuesta vocacional. A través de la personalización los elementos y valores que se van descubriendo se van incorporando a la propia personalidad y funcionan como estructurantes de la misma. No se es persona y después creyente; se es persona creyente, como una realidad que se nutre de dos aspectos distintos que se autoimplican mutuamente.

1. La interrelación humana es el lugar de la experiencia cristiana

La revelación cristiana manifiesta de forma reiterada y continuada que la historia, el pueblo y el hombre son los ámbitos privilegiados del encuentro con Dios y de explicitación de su revelación. El acceso a Dios siempre comporta la intercomunión solidaria. En este contexto se sitúan las mediaciones dentro de la Iglesia: testimoniar y acercar la salvación de Dios al hombre como invitación y actualizar la acogida-diálogo de la Iglesia como sacramento de Cristo para la salvación del hombre.

La fe cristiana —en sí misma y por sí misma— tiene pretensión de globalidad (dar unidad a todas las facetas de la vida del creyente), de verdad (se presenta como el único camino para realizarse en plenitud de libertad, felicidad y solidaridad) y de ultimidad (nos referencia a Jesucristo, señor de la historia y juez de vivos y de muertos). Ayudar a descubrir y vivir el sentido que la vida cobra desde la fe, es la meta de la relación de ayuda y el enfoque específico como punto de partida. El acompañamiento espiritual no puede contentarse ni quedarse en la simple maduración de la personalidad humana, pues incluye como elemento nuclear la formación de la conciencia moral, la experiencia de oración, el sentido comunitario de la fe y el discernimiento vocacional. El sentido religioso cristiano como elemento totalizante de la vida del creyente se nutre del «conocimiento interior» de Jesucristo. La fe lleva a situarse dentro de la Iglesia y el mundo en actitud de absoluta disponibilidad.

2. Mediaciones en el acompañamiento espiritual

— *El grupo cristiano*. Sentirse congregado por la Palabra y el Espíritu, en actitud de escucha y relación interpersonal, poniendo en común lo que se es y tiene (vivencias, iniciativas, interpelaciones y compromisos) ayuda a vivir desde lo profundo de sí mismo. El grupo hacia dentro debe facilitar la reflexión y hacia fuera debe potenciar la solidaridad.

El proyecto de grupo ayuda al encuentro de las personas y potencia los proyectos de cada uno de los miembros. El proyecto de grupo facilita el que cada persona encuentre en el grupo el lugar y las funciones para los que pueda servir mejor.

La vida de cada día —en lo que tiene de novedad, de rutina y de dificultad— es el contenido fundamental de la comunicación en el grupo cristiano. Lo cotidiano interpela, pregunta por el significado de las cosas y es también motivo de oración y celebración. El resultado final es la actitud de búsqueda común de la voluntad del Señor aquí y ahora; llegados a este punto, el grupo también tiene qué decir y proponer a cada miembro del grupo. La actitud de disponibilidad es previa a cualquier discernimiento, tanto personal como comunitario.

La «revisión de vida» dentro del grupo es un espacio de enorme importancia. Se habla desde el corazón y la conciencia, y se hacen propuestas para la realidad desde la utopía. Es un tiempo de interpelación y reconciliación. Las propuestas llegan muchas veces como insinuaciones; por eso mismo son lenguaje privilegiado del Espíritu: claridad y fuerza en absoluta libertad. Lo que más nos obliga es aquello a que nos autoobligamos porque ha tocado nuestro corazón y nuestra respuesta es más de amor que de obligación.

— *El proyecto personal*. Parte del conocimiento de uno mismo, coge la persona entera y se formula pensando en el futuro como posibilidad de realización y de mejora.

Al fondo de todo proyecto personal está el Credo, es decir, los fundamentos que uno reconoce en su propia vida como gracia. Dios Padre, la presencia de Cristo resucitado, la fuerza del Espíritu y la comunidad cristiana son las bases sólidas de la vida personal del creyente.

La meta del proyecto personal son los ideales que uno desea alcanzar, formulados con la radicalidad del evangelio y el realismo de las propias condiciones de vida. Para pasar de donde estoy a donde quiero llegar se necesitan medios de todo tipo: oración, lecturas, reflexión, ascesis, acciones comprometidas, etc. Conviene incluir un apartado donde se indique lo referente a la evaluación: periodicidad, modo, etc.

— *El acompañante espiritual.* Pablo VI en una ocasión dijo: «El hombre contemporáneo escucha más a gusto a los testigos que a los maestros, y si escucha a los maestros es porque son testigos» (Ecc. 34 (1974) 1345).

Sabemos que el Espíritu Santo es el único maestro y guía del creyente que busca cumplir la voluntad de Dios (Ef 4,15ss), y crecer como tal en todos los aspectos de la vida cristiana: el seguimiento de Jesús, la aceptación-superación personal y la aceptación de los otros.

El acompañante espiritual «es el formador que desde la confesión y experiencia de su fe, se pone al servicio del hermano, en presencia de Cristo y a la escucha del Espíritu, para colaborar a discernir con él lo que es mejor para el crecimiento del mismo hasta la adultez en Cristo por la respuesta adecuada a las exigencias de la vocación a la santidad en conformidad con los dones que haya recibido el acompañado».

Lo propio de la tarea del acompañante espiritual está en la vivencia de la fe, su ministerio es de mediación y se orienta a que el acompañado discierna y asuma el proyecto de vida propio.

El acompañante espiritual debe manifestar en todo momento gran confianza en las posibilidades de la persona a la que acompaña; si utiliza modos directivos proyectará a los otros lo que a él le ha venido bien y creará dependencia y pasividad. Las pedagogías directivas parece que dan resultados a corto plazo, pero a largo plazo se revelan ineficaces y contraproducentes.

En la relación de ayuda dentro del acompañamiento espiritual el acompañante procura que el acompañado reconozca su situación y la reformule. Una vez que se siente animado a afrontar el cambio, formularán un plan de actuación posible y concreto. La realización de este compromiso será el comienzo de la siguiente entrevista: cómo lo ha cumplido, cómo se ha sentido y los porqués de los resultados obtenidos.

J. Aubry habla de diversos métodos en la relación de ayuda según la importancia dada a cada uno de los interlocutores.

— La entrevista espiritual y la dirección de ayuda: yo-tú.

— La entrevista espiritual y el diálogo de ayuda: yo-tú.

— El coloquio espiritual y la relación de ayuda: yo-Tú.

Evidentemente, optamos por la segunda, pues es la que mejor recoge todo lo expuesto, y al mismo tiempo nos ayuda a distinguirla de otros medios —dirección de ayuda y coloquio espiritual— en que la dirección no es simétrica ni está centrada en la persona orientada. El acompañamiento espiritual se hace especialmente necesario y significativo en la adolescencia y la juventud, pues estas son el tiempo de un descubrimiento particularmente intenso del propio «yo» y del propio «proyecto de vida»; es el tiempo de un crecimiento que ha de realizarse «en sabiduría, en edad y en gracia ante Dios y ante los hombres» (Juan Pablo II, *Los fieles laicos* 46).

— *La vida cotidiana.* En otro tiempo se ha entendido la vida espiritual como *fuga mundi*, pues se percibían las realidades terrenas como dificultades o negación de Dios, y se huía de ellas para santificarse y conseguir la salvación. Lo religioso era la alternativa de lo profano, y a lo sobrenatural se dedicaban los más perfectos; los creyentes que no podían apartarse de las realidades profanas debían procurar vivir en medio de ellas sin contaminarse, superando las pruebas «en este valle de lágrimas» y haciendo méritos para la otra vida. Hoy el planteamiento teológico-espiritual es completamente distinto; el misterio de la encarnación debidamente entendido nos sitúa en una nueva perspectiva. La Palabra se hace carne y Dios

61

asume la condición humana en plenitud y totalidad; el Credo cristiano nos recuerda que el Hijo de Dios «fue crucificado, muerto y sepultado; descendió a los infiernos y resucitó». En Jesús de Nazaret Dios y el hombre están individualmente unidos, la historia humana es Historia de Salvación y el reino de Dios ha comenzado «aquí y ahora», aunque no haya llegado a su plenitud. La existencia temporal de cada persona se convierte en la gran oportunidad de realizarse solidariamente y apoyar los cambios de transformación histórica. En este contexto la vida diaria cobra una motivación y un dinamismo completamente nuevos. El Nuevo Testamento habla de la vida del hombre en términos de seguimiento de Jesús y de continuación de su causa. San Juan lo expresa en el capítulo 17 de su evangelio con estas palabras: «No ruego que los retires del mundo, sino que los guardes del mal. No son del mundo, como tampoco yo soy del mundo. Como tú me enviaste al mundo, así los envío yo también al mundo y por ellos me consagro yo para que también se consagren ellos en la verdad» (vv. 18 y 19). Estos versículos hablan de dialéctica de «estar» en el mundo, «sin ser» del mundo, «para» transformar el mundo según los valores del evangelio sintetizados en las bienaventuranzas. «La fe es un modo de poseer ya las cosas que se esperan, de conocer ya las cosas que no se ven» (Heb 11,1); el ser creyente consiste en interpretar los acontecimientos y situarse ante ellos desde el misterio —proyecto, tarea, don— que la vida humana de cada persona encierra.

La vida cotidiana hay que descubrirla como proyecto de hijo de Dios y hermano de todos los hombres, asumirla como esfuerzo ético para que las condiciones personales y sociales nos permitan vivir conforme a lo que somos, y así preparar el don del encuentro con Dios, la plenitud del amor (utopía). La vida cotidiana es el lugar, la fuente y la meta de la espiritualidad cristiana cuando:

— El hombre se sitúa en actitud de búsqueda y éxodo.
— La existencia se entiende como don gratuito.

— El reino de Dios predicado por Jesús es la última referencia del creyente.

— El don de Dios se hace tarea comprometida con otros hombres.

— El grupo se vive como lugar «de perdón y de fiesta», como «hogar y taller».

— La fraternidad con los cercanos y la solidaridad con los necesitados son algo presente y constante.

— Las pequeñas decisiones de cada día responden a un porqué, para qué y con quién.

— Cada año se cultivan las tres dimensiones de la vida cristiana: la formativa, la contemplativa y la práxica.

Capítulo 6

El acompañamiento espiritual al servicio del seguimiento de Jesús

Por acompañamiento entendemos la relación interpersonal intensa donde se intenta buscar el paso de Dios por la historia de la persona. El ideal de toda persona es la madurez, es decir, llegar a ser «padre» de sí mismo; para ello se busca la presencia y ayuda del hermano mayor que ayude a recorrer el camino.

El mundo joven vive un ambiente que tiende a mantenerle indefinidamente como adolescente, centrado en su propio narcisismo y vuelto a su privaticidad individualista. Todo ello lleva a un relativismo ético, la búsqueda de lo inmediato y la pérdida de lo ideal-utópico. La consecuencia es el rechazo de todo programa o plan que conduzca a unas metas que faciliten la maduración y, en consecuencia, se vive instalado en lo espontáneo y hedonista.

La felicidad personal pasa por la integración del espacio (realidad) y tiempo (historia). Para crecer hay que asumir el pasado, proyectar el futuro y ver el presente como la gran posibilidad de crecer y comprometerse.

El paso del ambiente que rompe y dispersa al joven a otra situación donde la personalidad armonizada pueda dominar y transformar la realidad desde un proyecto de vida y acción, exige un acompañamiento personalizado.

El seguimiento de Jesús tiene en los evangelios una

concreción que es normativa para el que quiera ser creyente y para el cristiano que oriente este proceso. Para una mejor comprensión hablaremos del seguimiento de Jesús en clave de «etapas» sucesivas y progresivas, y en clave de «pautas experienciales», que son la interiorización de las etapas.

1. Etapas del seguimiento de Jesús [1]

Las decisiones que una persona toma son fruto de la historia que va viviendo; si como evangelizadores y educadores de la fe deseamos que el catecúmeno vaya concretando opciones desde la centralidad de la fe es necesario vivificar el seguimiento de Jesús, para que de esta forma llegue al «conocimiento interior» de Cristo y descubra que elegir es ser elegido «por Aquel que me ha amado primero». Llegar a sentir esta verdad que nos constituye es recorrer un camino con las siguientes etapas:

1. *¿Qué busco en la vida?*
Lo que constituye la urdimbre de la vida son los centros de interés que concentran energías, las dificultades que hacen crecer y los compromisos en los que la persona toma la iniciativa y transforma la realidad. Ahora bien, ¿qué es lo que da significado y sentido a todo esto? ¿Qué constituye mi vida y mis proyectos? Para poder hacerse y contestar a esta pregunta es necesario hacer silencio, tomar conciencia de uno mismo y llegar a sentir la presencia del misterio que todo lo unifica y engloba.

2. *¿Quién soy yo?*
Al percibir una presencia totalizante en el corazón de la vida, se percibe cada uno llamado personalmente por su propio nombre. Saber que Dios nos ha llamado a la vida, a la fe, al compromiso transformador, a la esperan-

---

[1] Cf C. FILIPPO, *Etapas del seguimiento de Jesús*, Sal Terrae, Santander 1972.

za, a la fiesta, a la vida eterna... es reencontrar el hilo conductor de la vida como historia de salvación. En este contexto experiencial, el bautismo aparece como la explicitación del nombre (hijo de Dios) y la tarea (hermano de todos los hombres). «Nuestro corazón está hecho para amar y no descansará hasta que repose en Ti» (San Agustín).

3. *Ser hombre cristiano es ordenar la propia vida según Dios*

El mundo que nos rodea aparece lleno de ídolos como son el poseer, el dominar, el gozar, que engendran en las personas afectos desordenados que nos impiden ser buenos y actuar bien al transformar los medios en fines. Para descubrir la única y absoluta prioridad de Dios en la vida hay que relativizar las cosas y colocar a cada una en su sitio:

* Es necesario tomar conciencia de que nuestro centro —Dios, su Reino— está fuera de nuestros intereses y egoísmos. Hay que desinstalarse.
* No podemos conseguir lo anterior si Dios no nos atrae a sí. Para crecer libres de ataduras y centrarse en Dios hay que empezar pidiendo esta gracia en la oración.
* Sólo desde el descentramiento personal y la liberación del materialismo que ahoga al espíritu, la vida aparece como fiesta.

4. *Ante esto, ¿qué tengo que hacer?*

La respuesta es la conversión. Al tomar conciencia del sentido de la vida vemos que no es fácil dar una respuesta, que el mal nos domina y que hay que arriesgar mucho. No somos nosotros los que nos convertimos, es Dios quien convierte nuestra mente y corazón si le dejamos. Lo que impide abrir las puertas al paso de Dios por nuestra vida son los malos hábitos y la debilidad de la voluntad. Sólo quien mira a Cristo crucificado puede pensar y responder a: «¿qué ha hecho Jesús por mí?» y «¿qué he hecho hasta ahora yo por Él?». La consecuencia operativa es fácil: «¿qué es lo que de forma prioritaria y urgente debo cambiar en mi vida?». En este momento tienen lugar la celebración del sacramento de la reconciliación, pues sólo desde el perdón del Padre se puede comenzar de nuevo; sólo el amor recrea y hace nuevas todas las cosas. No hay posibilidad de conversión sin reconocerse ante uno mismo, ante Dios y ante los demás como pecador.

5. *Dejarse escoger por Cristo junto a otros discípulos*
La vida cristiana compartida en comunidad ayuda a superar el egoísmo, es decir, facilita la sensibilidad ante el dolor y la necesidad, y la maduración de la afectividad. Lo primero de todo en el seguimiento de Jesús es aprender a escuchar al prójimo, a los que no tienen voz porque nadie les escucha. ¿Qué puedo esperar del grupo y qué puedo aportar a los demás? El reconocimiento, la aceptación, la confianza, el perdón, la ayuda mutua, etc., no son posibles sin el conflicto, pero el amor cristiano impide quedarse en el conflicto.

6. *Cristo llama a todos al Reino*
La llamada es universal, pero a cada uno se le expresa de modo personal, histórico e intransferible. Cristo nos llama a trabajar *por él, con él y en él*.
«Soy yo quien os he escogido, y os he destinado para que vayáis y deis fruto que perdure». La vocación personal tiene la iniciativa en Dios, aparece como imperativo para el seguimiento y exige disponibilidad.
La llamada al Reino afecta en primer lugar al ser, no al hacer: ¿qué significa para cada uno «tener que ver con Él»? Ante el «ven y sígueme» personal del Señor a cada uno, caben tres reacciones que definen tres tipos de cristianos:

* Quieren seguir a Jesús, pero lo dejan para más adelante o no ponen los medios pertinentes.
* Quieren seguir a Jesús y desean cambiar, pero sin renunciar a la vida anterior. Es una acomodación de Dios y del evangelio a los intereses personales.

* Porque se quiere seguir a Jesús se está en la absoluta disponibilidad, sea lo que sea, absoluta confianza al sentirse en manos del Padre.

7. *«Sin mí, no podéis hacer nada»*

Jesús es una persona viva y presente; cristiano es el que vive de su vida que consiste en hacer la voluntad del Padre. Tener ancladas las raíces de la existencia en este manantial es orar con las palabras de Jesús: «...hágase tu voluntad en la tierra como en el cielo». Orar es intentar llegar a conocer la voluntad amorosa y solidaria del Padre a través de los sentimientos de Jesús, de su modo de ser, juzgar y actuar. ¿Cómo hallar las condiciones idóneas para la oración? Sin oración contemplativa es imposible la conversión, el seguimiento, la vocación y el compromiso. Orar es ponerse bajo la acción del Espíritu Santo que nos lleva a ver todo con los ojos de Dios y actuar con la intención de agradarle.

8. *Captar la llamada concreta para mí*

A Dios se le encuentra en el corazón de la existencia hecha de múltiples y pequeños acontecimientos poco significativos a primera vista. Vivir es elegir, tomar decisiones, y ninguna de ellas es neutra, pues de una u otra forma impiden o facilitan el Reino. En el acontecer cotidiano se teje el Reino y el creyente entra en relación con Dios. El Espíritu recibido en pentecostés y presente en la Iglesia nos ayuda a pasar de la duda a la toma de decisiones. Estas se producen cuando se leen los acontecimientos de manera crítico-creyente y se responde a ellos en «actitud empeñativo-transformadora». A través de este proceso dinámico descubro las llamadas concretas para mí y discierno las decisiones que antes de ser ejecutadas deben pasar por la oración y el acompañamiento espiritual para ver si son confirmadas o no: lo que produce inquietud y lo que no se vive desde la absoluta disponibilidad no viene de Dios.

9. *La prueba está siempre presente*

No hay vida cristiana sin la presencia purificadora de la prueba en sus múltiples expresiones. Sólo por la prueba se llega a la perfección. Hay una verdad profundamente bíblica: nunca está más cerca de nosotros el Señor que cuando somos probados, aunque no lo sintamos. A Pedro que naufraga, niega al Mesías y se envalentona, Jesucristo le encomienda la tarea de confirmar a los hermanos. Para llegar a la otra orilla, al despunte de la aurora y a la tierra prometida hay que pasar por el mar, la noche y el desierto. Cada creyente dividido interiormente entre la fe y el miedo debe sentir la presencia del Señor sobre la inconsistencia de las aguas y su voz firme y cariñosa que le dice: «¿por qué has dudado?». La prueba se supera pasando por ella.

10. *Reunirse para dispersarse*

El Señor nos llama y convoca no sólo para alimentarnos de fe y amor, sino también para la misión. La Iglesia aparece como mediación de Dios y mediación para la misión cuyo destinatario es la humanidad entera. No basta, pues, con ser personalmente «bueno y cumplidor», es necesario estar atento a la llamada y necesidades de los hombres, sobre todo de los no evangelizados, los dominados por el mal y los más necesitados. Como Jesús, necesitamos sentir compasión «porque muchos van como ovejas sin pastor» y orar al dueño de la mies «para que envíe operarios». No se trata de pedir para otros, sino pedir para y por la disponibilidad de cada uno a lo que el Señor quiere manifestado a través de las necesidades de los hombres. Empecemos por preguntarnos: ¿cuáles son los «gritos y llamadas» del momento actual?; ¿cómo convertir las tareas cotidianas en misión?; y, ¿cómo estar disponibles para lo que el Señor quiera, sea lo que sea? No olvidemos que el más y mejor del evangelio nos interpela durante toda la vida.

2. Pautas experienciales «del seguimiento de Jesús»[2]

1. *Hacer juntos el camino.* El acompañante y el acompañado inician una relación interpersonal, no-directiva, madura. La comunicación de conciencia a conciencia, de corazón a corazón, de persona a persona, es el camino de la iluminación, que permite caer en la cuenta de muchas cosas y reorganizar los esquemas vitales. El punto de partida es la aceptación incondicional de la persona a la que se acompaña y en la que se confía plenamente.

2. *Sentir la presencia de Dios en la vida y el caminar juntos.* Dios sale al encuentro del hombre en las encrucijadas de su vida y de su historia. Cuando buscamos el sentido de la existencia nos sentimos conocidos, encontrados y amados por Dios. Dios es el manantial desde donde vive el hombre y «Jesucristo es la revelación del hombre al hombre», por eso todo lo humano es apertura y lugar de encuentro del hombre con Dios.

3. *Las contradicciones propias del hombre.* El hombre resulta un misterio para sí mismo; es consciente de la falta de respuesta para problemas como el dolor, el mal, la muerte, etc. Al mismo tiempo experimenta en lo más profundo de su corazón inclinaciones contradictorias que le dejan perplejo. Este vaivén de las vivencias interiores se agranda al percibir todo lo que sucede de injusticia y explotación en el mundo, tanto próximo como lejano.

En el momento de reconocer las propias cegueras, limitaciones y pecados es cuando como hombres nos cerramos a Dios y a los demás. La salvación de ser un hombre logrado pasa por la confesión confiada de los pecados personales y sociales. Sólo el perdón de Dios nos renueva por dentro totalmente y nos posibilita

---

[2] Cf Sal Terrae 863 (1985).

un futuro nuevo y distinto. De esta forma el ser humano en su contingencia encuentra en Dios su principio y fundamento.

4. *La libertad interior y la integración afectiva.* Desde las entrañas misericordiosas del Padre el ser humano se siente aceptado, amado y salvado. El don de Dios nos precede y se nos presenta como invitación; cuando Dios es aceptado como la «piedra preciosa» y el «tesoro escondido», todo se recompone y se ordena. En el proyecto de Dios y su justicia el hombre descubre su verdadera libertad como referida solidariamente a los otros más necesitados. Esta integración afectiva de Dios en la vida es el punto clave de la conversión; convertirse es dejarse convertir por Dios.

Indicadores de esta etapa:
— Mayor facilidad para expresar los sentimientos más íntimos y personales.
— Superación del egoísmo y de etapas regresivas de la sexualidad.
— Necesidad de desinstalarse de muchas cosas justas y legítimas, pero poco evangélicas.
— Reconocimiento de las justificaciones no evangélicas y de los autoengaños.
— Capacidad de introspección, silencio y revisión.
— Sensibilidad hacia las urgencias recibidas desde situaciones de sufrimiento y pobreza.

5. *Reconocimiento de la presencia y acción de Dios en los signos de los tiempos y en acontecimientos.* Las situaciones humanas y su percepción en clave de fe se convierten en provocaciones, es decir, llamadas del Dios de la historia para que la historia sea historia de salvación. Esta presencia de Dios es más intuida y sentida que explicitada con evidencia; lo que nos puede ayudar a «rastrear» la huella de Dios es la capacidad crítica y contemplativa que posibilitan el diálogo fe-vida y fe-cultura. Al abrir los ojos y reconocer la presencia de Dios,

toda la vida se siente implicada en dar una respuesta vocacional, es decir, con toda la persona y toda la vida. Por lo mismo, llevar a Dios a los demás y descubrirle en lo cotidiano de la vida son inseparables; al situarse de forma implicativa ante la realidad el creyente se siente «alcanzado por el señor Jesús» (Filipenses), que llama de manera personal y concreta a encarnarse y liberar el egoísmo desde el misterio pascual.

6. *Seguir a Jesús: la disponibilidad.* La tentación del creyente es ir por delante de Jesús y hacer en el fondo la propia voluntad, el proyecto propio que siempre suele ser muy interesado. Además, la tarea del reino de Dios se percibe como superior a las propias fuerzas y capaz de desanimar. Es el momento de oír que Dios nos dice que para Él nada hay imposible y, en consecuencia, lo único que nos pide es confianza y disponibilidad. Sólo quien está indiferente ante lo que Jesús quiere para él puede llegar a conocer su vocación. El grado de disponibilidad mide la calidad de la maduración de fe que tenemos como creyentes y es el paso previo para que cada uno encuentre su lugar en la Iglesia y en el mundo. Confianza y disponibilidad para responder al gran reto evangélico: dónde y cómo serviré más y mejor a los hombres con los que me toca vivir.

7. *Construir la comunidad-construir un mundo nuevo.* El acompañamiento termina con el descubrimiento de la vida en comunidad y la opción por construir el Reino «aquí y ahora». Sólo desde estas opciones se pueden revisar, globalizar y orientar las actividades.

Los dos grandes ejes de la vida cristiana son el sentido comunitario de la fe y el compromiso por la fraternidad; el uno no se entiende sin el otro. Posibilitan la integración de la opción personal por Cristo, la vida en comunidad y la presencia comprometida en el mundo. Esta es la vocación común de bautizados que se concreta en las vocaciones específicas de presbítero, religioso y laico.

Capítulo 7

Contenidos fundamentales que deben ser tratados en el acompañamiento

En el proceso de maduración de la fe y de discernimiento vocacional se tratarán muchos temas a nivel de grupo; no todos tendrán la misma importancia ni exigirán ser llevados a la relación personal de ayuda para ser interiorizados.

Hay algunas facetas de la persona o de la vida cristiana que por su carácter estructurante constituyen el entramado en el que se insertan de manera sana y adecuada los restantes aspectos del creyente maduro. Nos referimos a los siguientes: rasgos de la madurez humana, la espiritualidad cristiana, la educación de la afectividad, la formación del grupo cristiano, la lectura crítico-creyente de la realidad y la presencia-compromiso transformador de la realidad.

1. Los rasgos de la madurez personal

Indicamos los siguientes: paso de la afectividad captativa (utiliza a los demás) a la afectividad oblativa (relaciones interpersonales), paso de la incapacidad de ponerse en lugar de otro a la capacidad de empatía, paso de la esclavitud personal (dejarse llevar por la presión social o por las costumbres personales), a la autonomía personal (reconoce, acepta y procura superar las limitaciones personales), paso del descontrol emocional (reacciones desproporcionadas ante los estímulos) al suficiente control emocional (mociones constructivas) y paso del desbordamiento o represión sexual (fijaciones en etapas inmaduras) a la sexualidad integradora dentro del amor superando la etapa de «cosificación».

2. La espiritualidad cristiana

La espiritualidad es la savia que renueva la vida y quehacer de la Iglesia y del cristianismo. La espiritualidad tiene un componente místico y otro práctico, y no se puede prescindir de ninguno de los dos.

Rasgos de la espiritualidad: la búsqueda de la voluntad de Dios en el seguimiento de Jesús, la actitud de conversión constante, el sentido de pertenencia eclesial, la participación en su vida y la opción por los necesitados.

Elementos constitutivos de la espiritualidad: la lectura cotidiana de la Palabra en actitud de discípulo y la participación en la eucaristía, la decisión de superar el pecado en la vida cotidiana, el trabajo por la justicia y el Reino desde Jesucristo y la oración como la forma más importante e insustituible de encontrarse con Dios, la vivencia cristiana de los sufrimientos y contradicciones y la pertenencia a la Iglesia como comunidad en misión para evangelizar y construir la fraternidad.

Lo que da unidad y sabor a la espiritualidad cristiana es la oración, pues esta hace al cristiano. En los grupos juveniles se oyen una y otra vez estas quejas: no sabemos orar, se ora ocasionalmente, la oración no pasa a la vida, etc. El punto de partida para reflexionar sobre lo que sucede en la realidad lo constituyen dos interrogantes: ¿ayuda el estilo de vida a la oración?, ¿por qué no hay continuidad entre la oración de grupo y la oración personal?

Pautas para acompañar el camino de oración.

* La clave de todo es llegar a ser testigo de oración, pues esta ya se está realizando dentro de nosotros, ya que Dios es el manantial de la vida.

* Superar la comprensión adolescente de orar por necesidad, sentimiento, desahogo, etc.

* Hay miedo al silencio y al encuentro con uno mismo y con Dios. El ambiente de recogimiento es insustituible para encontrarse con Dios, así como el orar con regularidad.

* Saber/poder acoger la presencia de Dios exige mentalidad sacramental, es decir, que todo nos hable de Dios y que todo nos remita a Él.

* La mística de la oración está en los Himnos Cristológicos, los Cánticos del Nuevo Testamento y la Plegaria eucarística. Hay que sentirse en y haciendo Historia de Salvación para poder orar y celebrar.

* Las técnicas deben entenderse en el esquema fe más esfuerzo que facilita la contemplación. Orar supone cierta disciplina que prepare el encuentro con Dios. La oración vale por sí misma, no por su eficacia y pide maestros de oración y ámbitos donde se aprenda a orar.

* Orar es sentirse constantemente «alcanzado por el señor Jesús»; por lo mismo, la oración cristiana tiene mucho que ver con la maduración vocacional como cristalización del diálogo y encuentro del creyente con Dios que se autocomunica y envía a los hombres que necesitan ser evangelizados. El mejor termómetro para medir la calidad de la oración es la disponibilidad que se va alcanzando respecto de la voluntad de Dios.

* Una vida espiritual que vaya avanzando pide y necesita la celebración frecuente e incluso diaria, si es posible, de la eucaristía como fuente y culminación de la vida cristiana en su triple vertiente de proyecto, don y tarea.

El catequista debe ver cómo estos rasgos van estructurando la persona y se dan en la vida de cada día haciendo que el pensar, sentir y actuar del creyente sea lo más parecido posible al de Cristo. Además, la vivencia de la espiritualidad cristiana ayudará grandemente a la maduración de la personalidad, pues el cristianismo es el mejor y más pleno humanismo.

3. La educación de la afectividad y de la sexualidad

Hay un principio fundamental en la psicología profunda que dice: «No ama el que quiere, sino el que puede». Gozar del amor es fruto de un nivel de maduración de la afectividad. Según Künkel, «salud es la capacidad de amar y trabajar»; una persona está capacitada para el amor y la sexualidad cuando ha alcanzado en su evolución libidinal: la primacía de la entrega, el realismo para asumir la realidad en sus logros y limitaciones, el encauzamiento adecuado del mundo instintivo y pulsional y un nivel satisfactorio de renuncia y de sublimación.

La experiencia básica que conforma en gran parte un proceso evolutivo sano es la de ser amados y amar, pues el descubrimiento e identificación con el yo es imposible sin el tú; además el ideal de la educación humana es «formar personas autónomas aptas para la cooperación» (Piaget).

La madurez personal en todos los campos —y de manera significativa en el terreno de la afectividad— está en el paso de las relaciones cosificadoras a las relaciones interpersonales, y estas vividas desde la aportación específica del *agape* cristiano como amor incondicional, fraternal y universal. No es una alternativa al amor vehiculado y mediatizado por la sexualidad, la amistad o los lazos de sangre, sino el dinamismo desde el que se tienen que vivir estos y el horizonte al que se abren.

Al hablar de este aspecto no podemos olvidar los condicionamientos culturales y ambientales como pueden ser: la prolongación de la adolescencia, el vivir de sensaciones, la instalación en el desencanto y el consumo de la manipulación, que convierten al joven de hoy en un profundo narciso. En un mundo donde falta tanta comunicación hay una vivencia del sexo con una «fruición desaforada», es decir, sin compenetración; y el sexo sin amor es silencioso y transforma la caricia en masaje. Un contexto sin relaciones interpersonales y sin amor de oblación trivializa la sexualidad hasta grados insospechados; ejemplos de lo que estamos constatando pueden ser: los anuncios televisivos, las series llamadas «culebrón», los folletos de información sexual para jóvenes y algunos comportamientos sexuales de adolescentes y jóvenes.

De la lectura de los datos anteriores podemos llegar a la formulación de algunos puntos importantes en la educación de la sexualidad:

— La sexualidad ha quedado reducida a una actividad casi biológica, que se usa como a uno le apetece, sin valoración alguna.

— La propuesta moral ambiental es la siguiente: todo lo que se haga de mutuo acuerdo es bueno, ya que cada uno es dueño de su cuerpo; el único límite será la violencia o el abuso del otro.

— La maduración está en la integración de los componentes erótico-físicos de la sexualidad y los componentes sentimentales-psíquicos.

— Hay regresiones o fijaciones en etapas inmaduras de la sexualidad como puede ser la masturbación, la cosificación del otro, las relaciones prematrimoniales sin proyecto de vida, etc.

— El dinamismo profundo de la sexualidad es la apertura oblativa a los otros; aquí reside su carácter trascendente y su vivencia conflictiva. En este horizonte el hombre se siente como imagen e hijo de Dios.

— El placer debe ser convergencia de subjetividades que incluye la existencia, establecer intimidad y proyecto de vida. La realización del individuo y el enriquecimiento del otro deben ir siempre unidos. La finalidad de la sexualidad es creativa e integradora, y para un creyente supone el amar como Jesús hasta el extremo de dar la vida. Esta es la expresión temporal del aspecto sacramental del matrimonio.

— Todos los cristianos, y de manera especial los jóvenes, están llamados y tienen dentro el ideal de la castidad cristiana. La castidad es don de Dios y tarea humana, es condición indispensable del desarrollo personal y conlleva la teología del cuerpo humano como templo del Espíritu Santo. Para ser casto hay que superar la mera genitalidad, el autoerotismo y el hedonismo consumista. Todo ello va encaminado hacia el compromiso definitivo de la virginidad o el matrimonio. El pudor debe ser entendido como la vigilancia constante para defender la dignidad del hombre y el amor auténtico.

— Hay que ayudar a que el joven descubra y aprecie el celibato y la virginidad como carismas eclesiales al servicio «del Reino», es decir, como vocación de amor universal, tal como Cristo amó a la Iglesia. Estos carismas son un don de Dios que expresan la prioridad de Dios y la importancia del Reino.

— No podemos ignorar en la educación de la afectividad-sexualidad la radicación social y psicológica del amor. No son aspectos alternativos o contradictorios, sino que parten de la misma raíz y deben ser vividos en armonía. Al superar el análisis individualista del amor se plantea el amor como parte de una teoría crítica de la sociedad. La referencia única y obligada del amor cristiano es la comunidad y la humanidad; no basta el amor meramente vivencial, sentimental, pues entonces el amor erótico-sexual es egoísmo a dúo.

— El modelo de familia cerrada, propio de la sociedad de consumo y centrada en los valores liberales del disfrute en solitario, genera un tipo de vida inhumano, pues reduce el sentido de la vida. Ha producido el miedo a comprometerse para siempre, la separación de sexualidad-matrimonio, la quiebra de la fidelidad y el furor de vivir de manera permisiva. La alternativa válida y cristiana es la familia abierta y comprometida: familia abierta al dinamismo del amor y de la fraternidad. Es decir, vive desde la comunidad, al servicio del Reino y en actitud de servir y compartir.

4. La formación del grupo cristiano

El joven se relaciona a través de grupos primarios estructurados desde la amistad y la empatía espontánea; no son cosmovisiones ni tareas comunes las que aglutinan, sino el estar juntos y pasarlo bien. Además, en estos grupos la presencia de adultos es prácticamente inexistente. En estos ámbitos se comparte el ocio como ocupación placentera y evasiva del tiempo; los otros aspectos relacionales quedan reducidos a la esfera de lo privado. En este contexto los animadores de grupo nos preguntamos: ¿cómo llegar al grupo?, ¿cómo conseguir que el grupo sea cristiano? La imagen de la comunidad cristiana es la de la vid y los sarmientos, pues lo que verdaderamente aglutina es Jesucristo y su mensaje que cambia los corazones y redimensiona las relaciones.

Los principales pasos en la maduración del grupo vienen marcados por las siguientes experiencias:

— Sentirse convocado a hacer con otros el camino nuevo y sorprendente. Todo parte del «ven y verás» (Jn 1).

— El grupo no existe, se construye con tanteos, dudas, fracasos y también aciertos y alegrías. Es necesario asumir la pertenencia al grupo en búsqueda y seguimiento.

— Descubrir la especificidad del grupo catecumenal afecta a toda la persona, el protagonista es el

Espíritu del Resucitado, el mensaje acogido nos coge y pide una respuesta de fe con toda la persona y toda la vida.

— Llevar la vida propia al grupo para que sea iluminada y provocada por la palabra de Dios que llama a la conversión.

— El grupo orienta mi vida y potencia relaciones que estructuran la conciencia. Sólo es posible cuando el grupo es y se descubre como ámbito privilegiado de formación humana y cristiana.

— Sentido comunitario y fraternal del ser cristiano. Es el paso del yo al nosotros comunitario y solidario, el sentirse Iglesia y poner los dones propios para el servicio común.

— El grupo orienta mi vida y potencia relaciones que estructuran la conciencia. Sólo es posible cuando el grupo es y se descubre como ámbito privilegiado de formación humana y cristiana.

— Sentido comunitario y fraternal del ser cristiano. Es el paso del yo al nosotros comunitario y solidario, el sentirse Iglesia y poner los dones propios para el servicio común.

— Discernir el proyecto de vida en el grupo cristiano. Todo el proceso catecumenal es vocacional y debe terminar ayudando a los miembros del grupo a formular su proyecto de vida. Es difícil llegar a esto si la eucaristía no ocupa el centro de la vida cristiana del grupo y de cada uno de sus miembros.

El catequista es testigo de excepción y principal animador del proceso del grupo de amigos al grupo de fe y a la comunidad cristiana. Como no hay maduración sin personalización, el acompañamiento personal es una de las tareas del catequista; esta debe ser aceptada por el grupo como un elemento más del recorrido hacia la comunidad cristiana.

En todo este proceso hay que evitar reducir la dinámica del grupo cristiano al grupo psicosociológico, y es urgente potenciar como lo más específico del cristiano la oración y los sacramentos, que es lo que da sentido a todo lo demás.

El grupo en línea catecumenal no sólo es medio, sino contenido para aprender a vivir el seguimiento de Jesús, la inserción eclesial y el compromiso transformador de la realidad.

5. El análisis crítico-creyente de la realidad y la revisión de vida

El clima afectivo-vital que encontramos en los grupos no es para regodearnos en él de forma que nos aleje de la realidad, sino todo lo contrario, nos debe llevar al mundo que nos rodea para ser conscientes de lo que pasa, huyendo de los tópicos y superando el activismo. La presencia cristiana en los diferentes ambientes debe ser lúcida, es decir, real (lo que sucede) y utópica (lo que la realidad transformada puede llegar a ser).

¿Qué significa saber leer la realidad de forma crítica?
— Ser consciente de las situaciones personales y de las situaciones del entorno familiar, escolar, social, político, etc. Hay que empezar por describir bien la situación de forma concreta y con datos precisos.

— Al percibir el carácter humanizante o deshumanizante de la misma estamos dominando la situación. Para ello hay que llegar a ver las causas de la misma, los intereses que subyacen, consecuencias, ubicación, etc.

— Ver estas situaciones como «lugares de encuentro» con Dios, pues por medio de ellos Dios nos llama a la conversión y a la acción. Son llamadas a no permanecer indiferentes ni pasar de largo. Desde la fe sentimos cómo todo esto nos interpela y la palabra de Dios nos provoca, convoca y envía.

— Cuando conocemos la realidad nos estamos poniendo en contacto con la vida y nombramos lo que está sucediendo; una situación empieza a cambiar desde el momento en que se valora.

¿Qué significa tener una conciencia crítica?
— Enfrentarse al mundo y no adaptarse a él. En este sentido el hombre es la conciencia crítica del mundo: lo conoce, valora lo que existe y procura cambiar lo que deshumaniza. Este modo de ser y estar es lo que libera verdaderamente al hombre y lo pone en relación solidaria con los demás.

— Alcanzar la conciencia crítica es un proceso que va de la ingenuidad y pasividad ante lo que sucede a analizar y tomar postura para su transformación.

— Las exigencias de una conciencia son tres: análisis realista de lo que pasa, formulación de objetivos según las posibilidades de cambio y la concreción de las acciones pertinentes.

— No se puede llegar a la conciencia crítica sin poner en crisis las propias evidencias; vivimos de tópicos e imágenes que no son neutros y a través de los cuales nos manipulan. Es necesario destruir esta visión e ir creando nuestra propia cosmovisión.

— Hay que partir de la presencia que se tiene en los ambientes en que se está y de la necesidad de formación para poder «renombrar la vida». Esta teoría debe nacer de la praxis y volver a la praxis.

— No sirven los análisis crítico-creyentes de la realidad que no nos lleven a la conversión personal y que no se vivan desde la oración y los sacramentos. Sólo desde la fe se pueden mirar las cosas con auténtica preocupación y responsabilidad, pues lo que vemos y lo que es, no se confunden. Necesitamos constantemente de la experiencia evangélica de la transfiguración. La fe no es un esquema ideológico, sino un estilo de vida que hizo presente y patente Jesús de Nazaret; desde este horizonte último se orienta la solución de las contradicciones como elemento totalizador de la vida y verificador de la realidad.

¿Cómo iniciar a la revisión de vida?
La revisión de vida nos ayuda a contemplar la presencia activa de la gracia en la vida. Supone encuentro de

creyentes que tratan de visibilizar la salvación a través de un método que tiene tres pasos:

— *Ver*: contar la vida y descubrir lo que encierra.

— *Juzgar*: contemplar al Señor, sentir su promesa y desde ahí pronunciarse.

— *Actuar*: visibilizar la presencia y la promesa del Señor en las acciones comprometidas.

De este modo nos sentimos dentro de la historia de la salvación como protagonistas con Dios, por él y con él. La presencia crítico-creyente del animador y su formación son los elementos básicos para que este pueda iniciar al grupo.

6. La presencia y el compromiso transformador de la realidad

No es suficiente contemplar y valorar la vida, hay que transformarla. La presencia transformadora no es activismo, pues lo primero que busca es el cambio profundo de las personas porque Dios pasa por la historia a través de los acontecimientos. Las acciones comprometidas y transformadoras recogen lo que otros hicieron y buscan implicar a otros para que el reinado de Dios se vaya abriendo paso.

¿Cómo vamos a cambiar la realidad?

— No es posible cambio alguno sin estar presente. El primer y gran compromiso es el de la encarnación que entiende la vida entera como acción comprometida.

— La realidad que vivimos también nos cambia a nosotros, ya que cambiamos nuestra relación con lo que nos rodea. Esto nos lleva a un conocimiento más profundo de nosotros mismos y de lo que subyace a las apariencias, pues sentimos la presencia de la utopía.

— Es necesario optar por el cambio porque somos creadores del mundo y nosotros mismos no estamos acabados, pues la presencia del Resucitado está en nosotros viva y operante.

— Sólo la acción nos saca de la pasividad y nos define; no hay que esperar demasiado; con todo, hay que saber antes hacer, pues el reto no es realizar lo que nos conviene sino lo que nos desafía.

— Compromiso es colaborar con otros en algo hacia adelante; es fidelidad a una causa mantenida en el futuro.

— La metodología es acción-reflexión-acción. Se parte de lo concreto, se propone algo posible que se realiza de forma progresiva y permanente y se puede evaluar el cambio que ha producido. La revisión debe hacerse desde estos dos criterios: en qué medida cambia a las personas y en qué medida convoca a otros.

— Todas las acciones se hacen desde un proyecto de hombre nuevo y de sociedad nueva y a ella apuntan. Es lo que llamamos la utopía que actúa como dinamismo y referente.

— La fe, el amor y la esperanza que impulsan la construcción del Reino los hemos recibido de una comunidad, la Iglesia, que trata de ser fermento, semilla, diseño y parábola de la nueva Humanidad. En ella sentimos la presencia del Señor y de los demás que nos confirman en el proyecto y dan al mismo un horizonte trascendente. La identidad eclesial nos hace celebrar por los sacramentos el anticipo alegre y tenso del Reino.

— El animador estará muy atento a mantener el equilibrio entre la acción y la reflexión, entre la acción y la celebración. Esto ayudará en el momento de la evaluación a no perder de vista que lo importante es que la presencia comprometida nos haya hecho más personas.

— Poco a poco los diferentes compromisos y la variedad de acciones se irán globalizando en el proyecto de vida, de forma que el compromiso sea la vida entera como proyecto al servicio de la comunidad y de la fraternidad. En caso contrario lo que serviría como iniciación con el paso del tiempo ha impedido una maduración mayor.

7. Pistas para ver si estos valores se van interiorizando

El cambio profundo y radical que implica la conversión cristiana no es un voluntarismo, sino una iluminación nueva que genera un compromiso tal que engloba toda la persona. No hay conversión sin compromiso con un valor a partir del cual se jerarquizan todos los demás valores. Para un cristiano el valor orientador que decide una vocación es Jesús de Nazaret, su persona, su mensaje y su causa. Los indicativos de que una persona se ha comprometido con un valor son los siguientes:

— El valor es libremente aceptado, se opta por él afectivamente y en coherencia con la razón.

— El valor asumido ofrece alternativas válidas para la persona y la humanidad.

— Se es constante en asumir el valor en situaciones distintas, nuevas e incluso contradictorias.

— Vivir según este valor produce placer y felicidad, pues da sentido y significado a las diferentes facetas de la existencia.

— Se hace publicidad del valor implícita y explícitamente; es decir, desde el testimonio, las acciones significativas y la propuesta.

— El valor empuja a la persona a la acción en la que expresa la reorganización interior (conversión del corazón) y el ideal por el que intenta luchar.

Capítulo 8

Acompañamiento personal y educación de la conciencia social

La conciencia humana permite reconocer lo que sucede a nuestro alrededor y lo que sucede dentro de nosotros. La conciencia moral añade al reconocimiento de hechos la valoración de los mismos desde el conocimiento del bien y del mal. Para los creyentes la conciencia es el ámbito sagrado donde se da el diálogo de Dios con el hombre. El ser humano tiene estructura moral, es decir, capacidad para llegar a vivir moralmente. Esta posibilidad dependerá de las relaciones en que crezca, de las influencias del medio ambiente, de su capacidad crítica y de la fuerza de voluntad que tenga.

En la situación actual caracterizada por el pluralismo, la permisividad y la falta de referencias objetivas, la formación de la conciencia adquiere no sólo importancia, sino también urgencia. Por otra parte, en nuestro mundo se afirma la autonomía humana como el criterio decisivo de lo humano; tal hallazgo cultural amplía considerablemente el campo de la conciencia y refiere a la ética personal campos que habían estado bajo otras tutelas.

El joven actual ha perdido las tutelas que hasta no hace mucho ejercían las instituciones educativas, el ambiente social y los poderes públicos. Esta situación es un llamamiento a una mejor formación personal y a una mayor responsabilidad. La madurez moral no será posible sin la relación personal con personas honradas, que tienen convicciones y que transmiten visiones coherentes sobre lo que se ha de hacer o evitar.

1. El desarrollo moral y religioso en los jóvenes

Al llegar los diecisiete años disminuyen las oscilaciones anímicas y aparece la madurez de juicio y de conducta; se manifiesta en la capacidad de elegir después de una reflexión personal y crítica, y en la fuerte aspiración a la libertad y autonomía. El criterio de conducta en este momento no es tanto la norma objetiva, sino la fidelidad a la propia conciencia. Al controlar mejor la afectividad, coopera mejor con los demás y va asumiendo responsabilidades, es decir, acepta fracasos, rehace la vida y rompe con un pasado para ser protagonista de su futuro; poco a poco va descubriendo los valores de la comunidad humana y del compromiso socio-político. Lo que polariza sus intereses es la incardinación en el mundo y la necesidad de realizar la imagen ideal que se forma de sí mismo.

El desarrollo moral y religioso depende de condiciones afectivas que según H. C. Rünke[1] se podrían resumir en el sentimiento de estar inserto adecuadamente en la totalidad del ser; religión y moral van unidas en la vivencia de muchos adolescentes, y son fuente de conflicto y culpabilidad, de dudas y de necesidad de afirmar la autonomía[2].

La imagen de Dios está mediatizada por la imagen de los padres. De la interrelación entre ambos surge el símbolo de Dios Padre de los hombres con una imagen mental y una imagen afectiva; por lo tanto se mueve a dos niveles: un nivel mental-afectivo y un nivel simbólico-

---

[1] Cf A. VERGOTE, *Psicología religiosa*, Taurus, Madrid 1968, 182.
[2] Cf P. BABIN, *Los jóvenes y la fe*, Herder, Barcelona 1962; L. GUITTARD, *La evolución religiosa de los adolescentes*, Herder, Barcelona 1960, 74.

normativo. Esto explica que en la vida del creyente religión y moral vayan unidas y sea muy difícil la separación entre ambas.

Con cierta frecuencia la catequesis ha caído en el error de olvidar el aspecto existencial, la interioridad humana y la relación a la justicia y solidaridad; de esta forma el tipo de educación religiosa ha pecado de formalista y privatizada.

Según E. H. Erikson [3] la conciencia moral está muy ligada a la identidad personal que depende de una doble relación simultánea: reflexión del individuo sobre su propia ipsidad y continuidad en el tiempo, y reflexión del individuo sobre cómo los otros reconocen esta misma ipsidad y continuidad. La conciencia de sí que surge en la adolescencia es la expresión y resultado de la interacción de un doble proceso: individuación y socialización. En esta etapa del proceso psicoevolutivo el joven experimenta la necesidad de coherencia entre la doctrina revelada y las tendencias profundas del sujeto, entre lo que «me ha dicho Dios» y mis aspiraciones profundas; se vive una religiosidad del ideal, de los valores humanos, pero con poca receptividad a la revelación de Dios. Los jóvenes tienen la impresión de que la religiosidad es fruto de la educación recibida y sienten la necesidad de pasar de la fe infantil a la fe adulta; esta crisis religiosa se expresa por una caída de la práctica religiosa externa, que incide más en los chicos que en las chicas. Esta situación facilita la presentación de las implicaciones sociales del obrar ético humano. Las principales motivaciones psicológicas del comportamiento religioso son las siguientes vivencias: la angustia y el Dios Providencia, la miseria moral y el Dios consolador, la alienación social y la fe en el otro mundo, la experiencia de la muerte y el deseo de inmortalidad y la religión como respuesta a la necesidad del más allá, lo que debo hacer para salvarme y la estructuración organizada de la existencia. Estos conflictos hacen que el adoles-

---

[3] Cf E. H. ERIKSON, *Adolescente et crise*, París 1972, 17 (trad. esp., *Identidad, juventud y crisis*, Taurus, 1990³).

cente viva la culpabilidad como peso que dificulta la libertad y que se expresa en forma de ideas fijas sobre la pérdida de algo, como angustia que lleva a replegarse sobre sí mismo y a la vivencia de la falta de modo posesivo. El fondo común a estas vivencias es la vergüenza ante los demás y ante sí mismo; la comparación entre lo que son y lo que deberían ser, o lo que los demás esperan de ellos, lleva a los adolescentes a minusvalorarse; este desgarramiento interior es lo que constituye el sentimiento de culpabilidad, en la cual los componentes éticos y religiosos están muy mezclados entre sí y con la psicología. Los conflictos de identificación explotan en el momento en que la fuerza de las pulsiones expresa la maduración sexual; en esta situación el adolescente ve las leyes morales como fuerzas que le impiden la autonomía.

S. Freud y la psicología profunda han clarificado en parte el fondo de la vivencia ético-religiosa del ser humano; el psicoanálisis recurre a la estructura superyoica y a la incorporación de lo afectivo, la fantasía y el deseo a los dinamismos importantes de la vida humana. Toda ley remite a una última instancia y el Ser Supremo tiene leyes que regulan su relación con él; de este modo en el origen se unen la exigencia vinculante de la conciencia y el símbolo del padre. Hay correlación entre la idea-comprensión de Dios y el tipo de conciencia moral que se posee. Según la psicología religiosa podemos observar la actitud de la persona frente a las realidades objetivas absolutas y definitivas, que son Dios y la ley moral. Desde el punto de vista cristiano, Jesús de Nazaret, su persona, vida y causa, nos purifica de lo subjetivo y nos ayuda a una vivencia correcta de la fe y la moral. Los contenidos fundamentales de la fe madura implican que Dios actúa a través de la acción humana y que esta se desarrolla histórica y comunitariamente. Vivir el ideal ético-religioso del cristianismo —dar la vida por el otro—, supone en términos psicoanalíticos un ello sublimado y un superyo solidario.

2. La vida moral como totalidad indivisible

El ser humano por naturaleza está orientado a la felicidad a través de lo que es bueno; cuando se procura el bien de forma incorrecta aparece el mal, que sólo existe en relación a la carencia o ausencia del bien. El mal puede llegar a ser poder cuando toma rostro en la vida humana, pero no es potencia pues consiste en la privación del bien.

Nuestra libertad a la hora de discernir y elegir lo honesto, está condicionada por la propia naturaleza, la historia personal, las situaciones y los hábitos. La vida moral se configura como «totalidad indivisible», pues los hábitos adquiridos en el pasado condicionan el presente y el futuro; para posibilitar lo más posible el ejercicio de la libertad importa mucho que las decisiones justas se conviertan en tendencias[4]. La vida moral es decisión con metas e ideales y tarea mantenida para integrar los impulsos desordenados, los hábitos negativos y el ambiente no favorable. Cuando el deber y la inclinación humana van siendo convergentes a través del proceso educativo de maduración moral, la libertad se potencia y las decisiones morales se facilitan. El acto moral como concreción de la inteligencia sintiente y de la volición es esencialmente fruición, es decir, realización satisfactoria de sí mismo que expresa cómo el deber está en íntima relación al ser y a la felicidad. «El hombre tiene que definir la figura de sí mismo a través de la búsqueda incesante, el tanteo de posibilidades, la alteración de los proyectos; a través de la *inseguridad* y la exposición al error moral... Es la estructura inconclusa de los impulsos que exige la libertad, son las ferencias las que colocan en la necesidad de la pre-ferencia. Por eso no es que la vida sensitiva pueda «ser gobernada», sino que inexorablemente tiene que serlo»[5].

---

[4] Cf P. LAÍN ENTRALGO, *La espera y la esperanza*, Alianza, Madrid 1984, 45.

[5] J. L. L. ARANGUREN, *Ética*, Revista de Occidente, Madrid 1975[6], 154 y 211.

Los actos morales que la persona va realizando influyen en los niveles más profundos de la persona; el pasado no se puede cambiar como algo que ha sucedido y como contenido honesto o inhonesto. Lo que sí puede cambiarse es el sentido por el arrepentimiento y la praxis nueva, pues el ser humano tiene la capacidad de estar ante su propia historia y sobre sí mismo. «Lo que habríamos tenido que ser y no hemos podido ser, es lo que —creo yo— eternamente seremos»[6]. Así se expresa J. L. L. Aranguren y añade que necesitamos el juicio final en el que se nos hará ver lo que habíamos tenido que ser en relación a lo que hemos sido y hemos hecho. En este sentido la muerte tiene valor moral, pues nos hace comprender el tiempo no sólo como duración y posibilidades de futuro, sino como tiempo limitado en el que hay que tomar decisiones y de las que tenemos que responder, pues la persona está irremediablemente unida a lo que va haciendo de sí a través del cotidiano vivir. Con lo que uno es hay que esforzarse por conseguir la mejor y más plena realización del ser; esa es la tarea moral de cada uno. La clave de la felicidad humana y de la perfección está en «darse». El hombre es social por «naturaleza» y para «vivir bien»; ambos aspectos van siempre unidos. «La sociología se funda en la ética y revierte en ella; sin *philia* entre los ciudadanos no puede existir una buena política»[7]. En definitiva, el contenido de la ética son nuestros comportamientos pasados y lo que estamos haciendo cada uno y con los otros; «porque somos corresponsables del ser moral y destino de los demás; he aquí el tema verdadero, unitario y total de la ética»[8].

3. Génesis del sentido moral

La experiencia de las personas individualmente y de los grupos humanos constata la experiencia del sentido

---

[6] Ib, 241.
[7] Ib, 296.
[8] Ib, 313.

moral. El hombre se define como «proyecto de ser» que se realiza en las relaciones con los demás y el entorno que les rodea. El sentido moral consiste en un «sentimiento» o modo de situarse frente a la realidad en correlación con la toma de decisiones y las acciones subsiguientes.

En el sustrato más básico de la personalidad de cada uno existe una serie de experiencias prelógicas anteriores a la autoconciencia; el sentido moral es inmanente a estas experiencias y forma parte de las estructuras fundamentales del ser humano.

La confianza es el supuesto básico de la existencia del niño; sobre esta experiencia aparece la percepción de que el propio actuar está condicionado por uno mismo a través del yo volitivo que se termina imponiendo al impulso. El instinto es modificado y orientado por las relaciones personales, la escala de valores que se interioriza, la reflexión que impide la unión al ambiente y la acción que resuelve la divergencia entre el impulso y lo que quiere la voluntad. «Si tenemos presente que el objeto último de la moral no son los actos, sino el *êthos* o personalidad moral unitaria, y puesto que la vida moral es tarea, quehacer y realización de mi vocación o "esencia ética", claro está que lo primero que ha de hacerse es determinar en concreto y día tras día, al hilo de cada situación, mi vocación o tarea, lo que tengo que hacer (porque nuestro ser resulta de nuestro hacer y nos hacemos a través de lo que hacemos. La axiología, la moral racional e imperativo, nacida sobre la base de la individuación, se convierten en víctimas de las condiciones económicas, que han contribuido al nacimiento de una moral imperativa comprensible para todos»[9]. El ser humano nace con la capacidad de llegar a ser moral a través de las relaciones de socialización.

El desarrollo del sentido moral de cada persona se realiza a través de procesos de «adaptación» y de «autodescubrimiento» que van desde la anarquía de la psicomotricidad a la subjetividad autocontrolada, y de la re-

---

[9] Ib, 224.

presión exterior a las relaciones interpersonales. Estos procesos constituyen al ser psicosocial del hombre que incluye tres aspectos: la consistencia personal, la apertura a las relaciones y la objetivación de la realidad.

El sentido moral tiene estructura psicológica y como tal necesita un marco teórico que ofrezca una explicación global. Según Allport, en el desarrollo del sentido moral hay dos problemas que están íntimamente relacionados: el desarrollo del sentido moral según la psicología evolutiva y la estructura del sentido moral en una persona adulta. Hay tres teorías que estudian estos aspectos: la teoría psicoanalítica, la cognitivo-evolutiva y la del aprendizaje; como síntesis de estas teorías explicativas llegamos a los siguientes puntos comunes que funcionan como coordenadas teoricoprácticas [10].

— La moralidad en cada momento del desarrollo brota de la sensibilidad ante diversas sanciones, su interiorización y la reciprocidad-relación como elemento de maduración moral.

— El desarrollo moral comporta la existencia de etapas que van marcando los niveles de madurez moral. Cada etapa está constituida por «estructuras comportamentales transitoriamente estabilizadas y que se suceden con un orden determinado» [11]. De 0-5 años se da el momento más decisivo en la configuración de la estructura moral del individuo por el predominio de las relaciones parentales de marcado carácter afectivo; después vienen las etapas llamadas de heteronomía y socionomía, y a partir de los 13 años comienza la etapa de autonomía cuyas características son: aparece la subjetividad como ámbito de la conciencia moral, se valora el universo motivacional frente a otros aspectos, la universalización de la norma se armoniza con las excepciones y se

[10] Cf D. WRIGHT, *Psicología de la conducta moral*, Planeta, Barcelona 1974.
[11] Cf N. J. BULL, *La educación moral*, Verbo Divino, Estella 1976.

orienta todo desde la consideración del hombre como fin en sí mismo.

— El contenido del sentido moral consiste en la cualidad ética de lo humano, que se impone por sí mismo, condiciona a la persona entera en su realización e incide en todos los valores respetando su autonomía. Para un creyente la ética será la mediación entre el valor religioso y todos los demás valores.

— La conciencia moral no genera la moral, pero es mediadora entre la realidad (valor objetivo) y los comportamientos de la persona (situación subjetiva). «La conciencia es el núcleo más secreto y el sagrario del hombre, en el que este se siente a solas con Dios, cuya voz resuena en el recinto más íntimo de aquella» (GS 16). Del yo responsable brota el discernimiento moral que se realiza en el ámbito de las relaciones interpersonales y sociales. A partir de la conciencia y por medio del discernimiento se descubren y asumen los valores éticos; a esto llamamos estimativa moral, que es el correlato de la axiología moral al hacer que los valores éticos se conviertan en actitudes personales. El sentido moral y los valores éticos «tienen un papel verdaderamente central en el sistema de valores de una cultura, porque son los que prescriben las normas de acción y, por tanto, determinan en definitiva los modelos de comportamiento, los principios de elección, los criterios de apreciación y las motivaciones a partir de las cuales se fijan objetivos concretos a corto o a largo plazo»[12].

— La educación moral de una persona se va realizando al responder vitalmente a las siguientes cuestiones según W. Kay, uno de los autores que más han estudiado este tema[13]: ¿Quién soy yo?

---

[12] J. LADRIÈRE, *El reto de la racionalidad*, Sígueme, Salamanca 1978.
[13] Cf W. KAY, *El desarrollo moral*, Buenos Aires 1976, 34-35 y 326-329.

(búsqueda de la identidad personal mediante las relaciones), ¿cómo soy, realmente? (capacidad de autoaceptación), ¿cómo debo comportarme? (proceso de identificación), ¿qué es lo que está bien hacer? (formación de una conciencia personal madura) y ¿cómo me va? (logros y realizaciones). Las fuentes del contenido moral son los ideales universalmente compartidos y los valores éticos fundamentales como la autonomía, la imparcialidad, la cristicidad, la reciprocidad, la cooperación y el horizonte utópico.

Los rasgos que tiene en cuenta la educación moral son los siguientes: el juicio moral basado en las relaciones de reciprocidad y equidad, la capacidad de diferir la satisfacción inmediata, el relacionarse con los otros como fines en sí mismos y la doble operación de sacar principios éticos de normas concretas y aplicar principios generales a situaciones personales.

4. Las actitudes éticas y las actitudes religiosas

Las actitudes éticas se diferencian y estructuran progresivamente de acuerdo al proceso de formación personal de cada individuo. El término personalidad en la cultura occidental expresa coherencia en los comportamientos y conducta a través del tiempo. El propio desarrollo personal condiciona la actitud ética y la actitud ética condiciona el desarrollo de la personalidad. En este proceso la integración de ambos elementos juega un papel fundamental, pues si no se da esta armonización prevalece el superego autoritario y opresor, o bien el ello no dominado. En ambos casos hay una deformación de la estructura moral de la persona. La vivencia de la relación paternofilial ayuda a entender la comprensión de la ley en términos relacionales y personalizados. Los problemas relacionales del ámbito familiar se proyectan a la vivencia de la moral por la disfunción del yo de las dos formas siguientes:

- El yo dominado por el superego provoca una experiencia de hostilidad y rebeldía ante toda norma, autoridad o exigencia a los que se percibe como dueños despóticos y castrantes.
- El yo dominado por el ello concibe la norma, autoridad o exigencia como fuente de capricho, egoísmo y falta de responsabilidad.

En ambos casos las vivencias resultantes son infantiles, extrínsecas y con graves repercusiones para la moralidad del sujeto.

— *La actitud religiosa se diferencia y estructura progresivamente de acuerdo al proceso de formación personal de cada individuo.* Personalidad en la cultura occidental expresa coherencia en los comportamientos y permanencia de los mismos a través del tiempo. Si por actitud religiosa entendemos la respuesta global a Dios con toda la vida, es evidente la relación que la actitud religiosa guarda con la formación de la personalidad; el desarrollo personal condiciona la actitud religiosa, y la actitud religiosa condiciona el desarrollo de la personalidad. La integración de la actitud religiosa en la vida personal es fundamental y se realiza a través de la resolución de complejo de Edipo; si la integración no se realiza bien prevalece el superego autoritario y opresor, o bien el ello no dominado que impiden experienciar a Dios Padre como Ley, Modelo y Promesa. Al no integrarse bien la actitud religiosa se produce una disfunción del yo que provoca un rechazo de Dios al que se percibe como un juez despótico o padre castrante, o bien, la disfunción del yo concibe a Dios desde el predominio del ello como fuente de capricho, egoísmo y falta de responsabilidad. También la actitud religiosa más que una faceta de la vida es el núcleo central que armoniza y da unidad a todas las facetas de la vida humana [14].

---

[14] Cf A. VERGOTE, *o.c.*, 265-267.

Si la religión está bien integrada en el yo personal, será la mayor y más positiva fuerza en la armonía personal y en la existencia cotidiana. — *La actitud religiosa surge unida al proceso dinámico del deseo.* El ser humano busca a Dios porque siente necesidad de Él y Dios responde a sus necesidades; Dios es necesario al hombre en un sentido ontológico. Podemos reducir a dos las diferentes formas de búsqueda de Dios:

- Búsqueda utilitaria de Dios debido a una actitud egocéntrica, y por lo mismo infantil. La visión y experiencia de Dios tiende a circunscribirse al propio grupo y se busca seguridad y prevalencia a través de los ritos sagrados vividos como ritos mágicos. Según afirma Kubie, se trata de una religión extrínseca y de una moral heterónoma.
- Otra forma de vivir lo religioso experimenta a Dios como algo intrínseco que es al tiempo lo «totalmente otro» y lo «inmanente» a la propia intimidad. Es lo que R. Otto llama lo «numinosum» en su libro *Lo santo*. Esta vivencia de lo religioso no está condicionada por intereses egocéntricos, ni dirige los comportamientos de forma heterónoma. A esta forma de ser religioso, G. W. Allport la llama actitud interiorizada, intrínseca u orientada al otro.

El desarrollo de la actitud religiosa pasa por el símbolo del padre y llega a cristalizar en la relación filial entre el hombre y Dios; cuando se llega aquí se ha pasado de un deseo manipulador, egocéntrico y extrínseco de Dios a sentirse plenamente libre y feliz en su presencia.

El individuo sano y con proceso evolutivo normal pasa por estos dos momentos, pero en un determinado punto se da el paso a la segunda forma que representa la madurez personal, religiosa y ética. Para llegar a este momento es necesario recorrer una serie de etapas que se van superando e integrando de forma dialéctica. Aunque la etapa infantil sea una etapa que debe ser superada, no por eso deja de tener importancia, ni se puede concluir que no se da en ella auténtica vivencia humana y religiosa. A este respecto A. Vergote se expresa en los siguientes términos: «El niño no posee el verdadero conocimiento de sí mismo ni del Otro. Su risa es satisfacción y alegría de vivir. Su ternura expresa su lazo de dependencia vital. Y sin embargo llega realmente al Otro, aunque sea a través de objetos transicionales y en demandas utilitarias e interesadas. Su relación al Otro, pone ya en obra una cierta forma de amor. De la misma manera puede decirse que la conciencia religiosa constituye ya una cierta manera de comunicación con el totalmente Otro; utilizando una bella expresión de Martín Buber, cuando el hombre dice tú, el otro ya está presente»[15].

Esa experiencia la poseemos desde muy pequeños en las relaciones existenciales de tipo interpersonal, y durante la adolescencia esta actitud se hace cada vez más consciente y auténtica. La actitud religiosa debe criticar en todo momento las ilusiones, desviaciones y alienaciones que hagan de la fe una vivencia inmadura y poco comprometida con la realidad.

Las actitudes éticas y religiosas surgen al tiempo y es muy difícil deslindar unas de otras en la vida de las personas, sobre todo de los niños, adolescentes y jóvenes. La actitud religiosa es un modo de ser ante lo sagrado, que supone una conducta global fruto de diversos procesos psíquicos del sujeto. La postura ante Dios condiciona los criterios y comportamientos subsiguientes, y la experiencia de Dios como causa de placer o de sufrimiento refuerza unos u otros aspectos de los comportamientos personales.

La trascendencia únicamente se verifica correctamente desde el punto de vista teológico y psíquico cuando lo mistérico se percibe como personal, es

---

[15] A. VERGOTE, *o.c.*, 182.

decir, como centro de la vida. El hombre busca a Dios porque tiene necesidad de Él, y Dios revela al hombre la respuesta a sus necesidades. Podemos colegir que Dios es útil al hombre en un sentido esencialmente ontológico [16].

La imagen de un Dios juez despótico y castrante o como fuente de capricho y egoísmo genera una religiosidad infantilizada y con graves repercusiones para los comportamientos éticos del sujeto. De forma positiva o negativa la actitud religiosa condiciona la estructuración e integración de la persona; G. W. Allport se pregunta si existe algún sentimiento similar al religioso en lo que se refiere a la capacidad para integrar los intereses humanos. Efectivamente, si la religión está integrada en el yo, supone una fuerza positiva en los comportamientos; si por el contrario está únicamente incorporada de forma superficial al yo y pertenece de lleno a otras instancias, resultará una función de defensa y protección.

5. La actitud ética está en el yo ligado al tú, no entre el yo y el tú

La relación yo-tú es anterior al yo; por lo mismo es de vinculación estructurante y el contenido de esta relación es la propia relación con toda la carga afectiva que lleva consigo. «El amor es la responsabilidad de un yo por un tú» [17]. Por el contrario, la relación yo-ello es posterior al yo y más que relación es una percepción de la realidad que se resuelve en distinción. Por contraposición de los dos tipos de relación que hemos descrito, podemos concluir que la persona humana llega a ser un yo a través del tú; por eso las cosas se componen de cualidades y el

---

[16] Cf P. BIER, *Religion et développement de la personalité*, París 1968, 83.

[17] M. BUBER, *¿Qué es el hombre?*, FCE, Madrid 1990⁵, 19-20.

ello está dispuesto dentro del hombre instaurado por el yo-tú. El hombre libre, creador y, por tanto, moral es el que es capaz de hacer y de soportar en su vida el acto especial, único y significativo de entrar en relación interpersonal con un tú. Esta experiencia es todo lo contrario a la arbitrariedad y fatalidad que van unidas, ya que pertenecen a la esfera de lo repetitivo y cerrado; por el contrario, lo característico de la relación yo-tú es la libertad y el destino que van ligados al futuro que se vislumbra como apertura, novedad y relación confiada por ambas partes. Sólo en este ámbito puede nacer una subjetividad sana en la que surja la conciencia de solidaridad que se traduce en la capacidad de conexión y de separación. Desde esta vivencia el uno llega a la armonía con el todo que integra al ello dentro de la subordinación a la relación yo-tú.

El tú innato que se realiza en cada relación y no se consuma en ninguna, sólo se plenifica en la relación con el único Tú que, por su misma naturaleza, nunca puede convertirse en ello. En este salto del tú al Tú se encuentra la conformación de la actitud ética y de la actitud religiosa en la persona humana. Ahora bien, como el niño entre 0-5 años vive la relación paterno-filial como la estructura básica en la relación yo-tú, esta le configura como persona y condiciona su comprensión de la moral y de Dios. Las demás instituciones son una proyección matizada de la relación básica yo-tú introyectada en estos primeros años de la vida. Es decir, el modo de vivir esta relación es la fuerza estructurante y el contenido fundamental del ser persona ética y creyente. Tanto la absorción del yo en el Tú como la afirmación del yo que suprima el Tú son dos formas de entender lo religioso y lo moral que impiden la relación estructurante yo-tú y expresan un repliegue sobre sí mismo. El hecho histórico-religioso de Jesús de Nazaret, el Cristo, es la expresión más clara de la relación yo-tú sin supresión de ninguno de los dos polos, ya sea por la exclusión de uno de ellos ya por la absorción de uno en otro.

La moralidad se integra de forma adulta cuando tenemos conciencia de un yo unificado y un tú ilimitado; sólo aquí se puede vivir la plenitud de la persona. Esa realidad de sentido que abarca el universo y el propio yo, pero que no es el mundo ni mi yo, y que por eso hay yo y tú; es lo que da intuición de eternidad a los comportamientos morales. «Si amamos al mundo real que no puede dejarse abolir, si lo amamos con todo su horror, si osamos abrazarlo con los brazos de nuestro espíritu, nuestras manos se encontrarán otras manos que las estrecharán» [18]. Es decir, en el yo ligado al tú es donde está la experiencia, no entre el yo y el tú; este tipo de relación permite que los seres humanos se reconozcan entre sí diferentes e impide que los seres conozcan y sean totalmente conocidos y poseídos por el otro.

6. Aspectos de educación moral que se pueden abordar en el acompañamiento

Desde el acompañamiento espiritual se pueden abordar los siguientes aspectos referidos a la educación de la conciencia moral:

— La conciencia se orienta y decide según una escala de valores que se habrán descubierto en las relaciones interpersonales. Los valores dependen de la forma de entender la realidad mundana, histórica y antropológica. Aquí incide la fe, pues el cristianismo implica una antropología.

— Ampliar las funciones de la conciencia a la comprensión de lo que sucede desde la cosmovisión moral, las opciones responsables y la valoración de los propios comportamientos. Todo ello implica información, formación y contraste con personas maduras que viven honestamente y saben formular las causas y consecuencias de estos comportamientos.

— Poner en relación la conciencia personal con la conciencia universal a través de la reciprocidad intersub-

---

[18] M. BUBER, o.c., 89.

jetiva. «La libertad de la conciencia que previamente pasa por la personalización, que se refleja y se constituye en la conciencia de sí; pero que se eleva a continuación a conciencia universal, conciencia individual y personal que por principio reconoce las demás conciencias individuales y personales, trabando con ellas la reciprocidad intersubjetiva, fundadora de derechos y deberes del sujeto libre de la moralidad»[19]. El diálogo y la reciprocidad son indispensables para la decisión responsable, pero tampoco suplen nunca la identidad personal y la responsabilidad moral.

— En la educación de la conciencia moral hay que respetar los procesos evolutivos de la psicología evolutiva, pues en la maduración de la personalidad intervienen factores cognoscitivos, emocionales y de comportamiento.

— No quedarse en los aspectos de opinión y de discusión, pues lo que realmente ayuda a descubrir los valores y a comprometerse son las decisiones concretas y valoración de las propias acciones.

— Descubrir las normas morales como la concretización de los bienes y valores morales que tienen que ser protegidos, descubiertos y vividos. Sólo se viven bien las normas morales cuando se descubre en ellas la necesaria conexión entre las aspiraciones profundas de la persona y las obligaciones morales, pues unas y otras buscan la felicidad y realización personal.

---

[19] B. QUELQUEJEU, *De deux formes autoritaire et eutonome de la conscience morale*, Revue de Sciences Philosophiques et Theologiques 65 (1981) 241.

Capítulo 9

El acompañante espiritual

El acompañante espiritual es el catequista que realiza la
orientación personal desde la relación que debe
contemplarse como lugar teológico. Tiene componentes
humanos de psicoterapia y de relación de ayuda, pero
principalmente la relación está abierta a la acción del
Espíritu y orientada por el objetivo que le confiere su
razón de ser: encontrar la voluntad de Dios para cada
uno. ¿Qué hace de la relación personal un lugar teológico?
La referencia al proyecto de Jesús, el sentirse urgido por
la experiencia de fe y la necesidad de comprometerse en
favor de la justicia y la solidaridad.

1. El acompañante como mediación

El acompañante es la mediación sacramental para el
acompañado que busca el sentido de su vida desde la
coherencia interna, la interiorización de significados y las
propuestas de futuro. La actitud básica para el orientador es la empatía o capacidad de situarse en lugar del
otro, acogerlo y mantener con él un diálogo revalorizador.
San Pablo lo expresa en Gál 5,22. La empatía supone
experiencia de aquello en lo que se va a orientar y capacidad de hablar inductivamente, es decir, desde los cambios históricos y desde las situaciones por las que pasa la
persona que se tiene delante. A través de todos estos

medios habla el Espíritu, abre a cada creyente un horizonte nuevo y le encomienda una tarea cuya percepción no es inmediata: es necesario iluminar la conciencia y abrir el corazón para sentir la llamada de Jesucristo, personal e intransferible. La oración como silencio interior, disponibilidad y contemplación es el mejor medio para «ver» con los ojos de la fe. Las funciones del acompañante son las de: servir de espejo para que el acompañado pueda percibir con más claridad, ayudar a leer cual experto sapiencial los «signos» de Dios en la vida, proponer tareas que ayuden a progresar y enseñar a evaluar los pasos dados. Es imposible hacer este ministerio sin experiencia de Dios y sin preparación personal; bástenos recordar las palabras de santa Teresa cuando pedía a los directores espirituales que fueran santos y doctos. La tarea de ser testigos excepcionales de la obra de Dios en las personas sólo se puede asumir sintiéndose servidores de Cristo y enviados de la Iglesia. El meollo del acompañamiento es introducir a los catequizandos en el misterio pascual y de pentecostés, es decir, en el conocimiento de Jesús «desde dentro» (cf Mc 4,12.33.40; 6,52; 8,17; 9,32); la impotencia del hombre para llegar a este «saber» es grande, pero la fe es la fuerza de Dios que transforma al discípulo en *homo serviens* (cf Mc 8,31-37), y ahora ya es apto para vivir y anunciar el reino de Dios hasta «los confines de la tierra».

Este misterio eclesial supone vocación, dedicación y formación específica, además de vida espiritual profunda y tiempos de reflexión y contemplación, pues difícilmente se puede ayudar a otros a que vean lo que para uno permanece oculto.

El acompañamiento personal y grupal están implicados y se complementan mutuamente; cada uno tiene sus límites propios y contenidos específicos. Son ámbitos en relación dentro del proceso continuado de la maduración vocacional. No todo lo visto en el grupo debe llevarse a la entrevista personal, pero los aspectos importantes tampoco pueden diluirse en el tratamiento grupal. Lo que más ayuda a madurar a un grupo son las decisiones y opciones de sus miembros, pues en ellas se arriesga lo más profundo de la persona y se hipoteca el futuro; estos compromisos no se suelen dar sin discernimiento personal, y sin él no hay calidad de vida cristiana. Frente a la crisis de la tradicional dirección espiritual y de una pastoral juvenil que se queda en planteamientos de grupo, hay que retomar el acompañamiento personal.

En la tarea de ayudar a «dar nombre a las cosas» hay que tener gran intuición espiritual y saber que la fe y la gracia son los pilares fundamentales de este ministerio. Juan Pablo II define en la Carta a los Jóvenes (1985) el acompañamiento como «una escuela sistemática de vida interior». En el acompañamiento el conocimiento de la psicología presta una gran ayuda, pero no es lo principal ni más importante, pues la fe y la gracia pueden conseguir lo que humanamente parece imposible. Es decir, la psicología no suple lo que pertenece a la acción del Espíritu, aunque haya que tenerlo presente. Y viceversa, el Espíritu no hace lo que las ciencias humanas pueden resolver.

Hemos visto que lo propio del acompañamiento espiritual es la acogida, la empatía, la información, la propuesta de tareas y la animación hacia la maduración vocacional cristiana. En este misterio eclesial el acompañante actúa enviado por la comunidad y es sacramento de la comunidad en la misión de ayudar a personalizar la fe y descubrir la voluntad de Dios.

Un buen maestro espiritual debe reunir las siguientes capacidades: disponibilidad para poder atender en el momento que se requiera, tener hipótesis adaptables a cada situación personal, autoevaluación periódica y progresiva desaparición de la vida de la persona.

En la medida en que el acompañado «se siente más alcanzado por el señor Jesús» y plantea toda su vida desde el proyecto que Dios tiene para él, se produce una iluminación nueva y total de la persona; comienza la adultez cristiana vivida como don y tarea.

El acompañante tiene que ayudar a la persona que acompaña a:

— Superar aspectos propios de un pasado no totalmente asumido ni salvado. Las principales asignaturas
pendientes son: la excesiva distancia entre cabeza y corazón por falta de personalización, la experiencia de Dios
más ideológica que de relación interpersonal, la afectividad-sexualidad no abierta al amor universal y la falta de
proyecto de vida.

— Descubrir el «valor central» desde el que puede
ordenar su vida y hacer el resto de las opciones: el *agape*
o amor incondicional y universal.

— Reorganizar la conciencia, las relaciones y los esquemas para llegar a optar por la utopía del Reino en
actitud de disponibilidad.

— Concretar el estilo de vida que encarne la ternura
del Padre y el programa de las bienaventuranzas en la
profesión y el estilo de vida.

En estos problemas, así como en toda la labor de
acompañamiento no existen recetas prefabricadas, pues
cada persona es diferente y el Espíritu actúa de modo
sorprendente. El acompañante debe situarse como «testigo de fe», y como maestro-discípulo que acompaña con
sumo respeto la acción de Dios, ayuda a clarificar cuál es
su voluntad y sostiene al acompañado en las dificultades
del camino. En definitiva, hablamos de situar toda la
catequesis y pastoral bajo el soplo del Espíritu para que
penetre toda la existencia cristiana, de manera especial
en el catecumenado y en los momentos especialmente
significativos de la existencia cristiana.

El acompañante espiritual no es una persona que
trabaja en solitario; su cometido es concreto y específico,
ayuda a personalizar aportaciones que le llegan al joven
de otras mediaciones que intervienen en la formación
cristiana de los jóvenes a los que acompaña. El acompañante espiritual debe conocer el Proyecto Pastoral Juvenil en que están los jóvenes y atender los diferentes aspectos del mismo, sin paternalismos ni reduccionismos.

2. Dimensiones de la identidad del acompañante espiritual

El acompañamiento espiritual es un servicio eclesial que requiere personas vocacionadas, es decir, con carisma propio y preparación específica. La identidad personal del acompañante integra cualidades humanas, vida cristiana y preparación técnica. Teniendo presente todo lo anterior subrayaremos los aspectos más constitutivos de la identidad del acompañante:

— *Conciencia vocacional de lo que hace*: ayudar al joven a personalizar e interiorizar los diferentes elementos de la madurez cristiana y a discernir su vocación. Su misión consiste en servir a la Palabra y a la acción salvadora de Dios en las personas concretas a las que acompaña.

— *Sus actitudes personales deben ser de disponibilidad, servicio y entrega.* De alguna forma estará siempre disponible, pues son los otros los que reclamarán constantemente su «caridad pastoral». La tarea del acompañante es de ayuda a la persona entera; por lo cual, su presencia, persona y testimonio son decisivos. Lo que sea lo primero y central en su vida debe aparecer constantemente en la relación de ayuda; la opción por Jesucristo y el evangelio del Reino tienen que ser el fundamento, el impulso y la meta de su existencia. Según Pablo VI, la vida del evangelizador es lo más decisivo en cualquier acción pastoral. «Tácita o a grandes gritos, pero siempre con fuerza, se nos pregunta: ¿Creéis verdaderamente en lo que anunciáis? ¿Vivís lo que creéis? ¿Predicáis verdaderamente lo que vivís? Hoy más que nunca el testimonio de vida se ha convertido en una condición esencial con vistas a una eficacia real de evangelización (EN 76).

— *Sentirse mediación de la gracia de Dios y la acción del Espíritu.* El acompañante tiene sumo cuidado y extraordinario tacto para que la persona que acompaña se encamine a Jesucristo, a la Iglesia y a los pobres. El acompañante, como Juan el Bautista, debe decir: «Conviene que Él crezca y yo disminuya». El mejor acompañante es aquel que con el paso del tiempo se necesita cada vez menos, porque el acompañado ha llegado a la adultez en Cristo.

— *Las dos fidelidades del acompañante son Dios y la persona que tiene delante con su historia, realidad e intuiciones.* El diálogo educativo que implica la relación de ayuda no es posible sin afecto y cariño por la persona a la que trata de ayudar. «¿De qué amor se trata? Mucho más que el del pedagogo: es el amor de un padre; más aún, el de una madre. Tal es el amor que el Señor espera de cada predicador del evangelio, de cada constructor de la Iglesia» (EN 79). Los jóvenes necesitan experimentar y saber que sus educadores en la fe les quieren y aman con el amor de Cristo, pues sólo el amor hace personas liberadas, felices y solidarias.

— *El acompañante ayuda y educa desde una comunidad de fe en la que él mismo se siente acogido y orientado.* Es difícil que una persona pueda transmitir a otra la clave de disponibilidad a Dios, a la Iglesia y a los necesitados, si él mismo no lo está buscando y no se lo confirman aquellos con los que comparte la vida, la fe y el quehacer apostólico.

— *Como testigo de fe el acompañante necesita ser creyente adulto.* La fe madura tiene mucho que ver con las bienaventuranzas, la actitud profética, el amor a la Iglesia y la lucha por la justicia. Estos elementos se viven integrados en la unidad de la persona, y se manifiestan en actitudes de confianza, paz interior, disponibilidad y oración constante. El creyente que ha madurado su fe vive con mística, es decir, con el gozo constante de saber que Dios es el motor de su vida, el fundamento de su ser y el horizonte de su esperanza.

— *El acompañante reconoce sus limitaciones, sabe que puede equivocarse y asume el fracaso.* Hace suyas las palabras de Pablo: «Pues yo, hermanos, cuando fui a vosotros, no fui con el prestigio de la Palabra o de la Sabiduría a anunciaros el misterio de Dios, pues no quise saber entre vosotros sino a Jesucristo, y a este crucificado. Y mi palabra y mi predicación no tuvieron nada de los persuasivos discursos de la sabiduría, sino que fueron una demostración del Espíritu y del poder para que vuestra fe se fundase, no en sabiduría de hombres, sino en el poder de Dios» (1Cor 2,1-5). «Yo planté, Apolo regó; mas fue Dios quien dio el crecimiento. De modo que ni el que planta es algo ni el que riega, sino Dios que hace crecer. Y el que planta y el que riega son una misma cosa; si bien cada cual recibirá el salario según su propio trabajo, ya que somos colaboradores de Dios y vosotros campo de Dios, edificación de Dios» (1Cor 3,6-9).

Capítulo 10

Principales problemas
que surgen en el acompañamiento

Entendemos por «problemas» dificultades reales que aparecen en el itinerario del seguimiento de Jesús. Son de diversa índole, pues unas afectan a los planteamientos de la pastoral juvenil, otras al proceso de conversión y otras a los momentos de identificación vocacional. Estas dificultades requieren atención especial por parte del acompañante, ya que de la superación de las mismas depende la continuidad en el proceso de maduración cristiana y la culminación del mismo.

1. Carencias en los planteamientos de algunos proyectos de pastoral juvenil

1. *Damos por supuesta la cosmovisión cristiana que en muchos jóvenes no existe.*

Llamamos cosmovisión al esquema que sintetiza la historia de la salvación (credo) y que es el referente básico para la vida creyente. De este modo es la convicción básica desde la que vive y actúa, y en relación a la cual se sitúa o resitúa todo lo demás. Cualquier tema concreto sin una buena cosmovisión se trivializa o queda descolgado del conjunto.

Los aspectos básicos de esta cosmovisión contienen

una antropología sin la cual la persona no puede entender ni vivir al Dios cristiano revelado en Jesucristo, punto culminante y definitivo de la autocomunicación de Dios y de la revelación de lo que significa ser hombre.

En un mundo que de forma prometeica centra todo en la autonomía humana como única referencia se corre el peligro de no admitir o malentender la cosmovisión cristiana. Los puntos básicos del Credo cristiano: somos creados, redimidos y en comunidad vamos hacia la plenitud de la vida eterna, tienen mucho que ver con la concepción del hombre, la solidaridad, la visión de la historia, etc. Sin estos hilos conductores otros temas nucleares no son entendidos, como por ejemplo: somos pecadores y necesitamos conversión, hay que respetar lo que uno es para ser feliz, los otros son imperativos éticos, hay que vivir responsablemente porque seremos juzgados, la Iglesia como sacramento de Cristo, la utopía como pensamiento y pasión, la función imprescindible de la gracia para la salvación, la necesidad de mediaciones de lo religioso, etc. Damos por supuesta la cosmovisión cristiana básica cuando, en realidad, muchos jóvenes no la han recibido ni en sus casas, siendo niños, ni en los centros escolares de adolescentes y jóvenes. Muchas veces hay que comenzar casi de cero reconstruyendo el entramado básico de la historia de salvación para poder insertar allí otros temas como el seguimiento, la conversión, la comunidad, el Reino, las bienaventuranzas, el compartir, el servicio, etc. Todas estas experiencias dicen algo cuando la persona vive la apertura a lo trascendente, personaliza la relación con Dios y se define como hombre desde la centralidad de la fe. ¿No es precisamente esta urdimbre básica del hombre según Dios y el hombre en la presencia de Dios lo que constituye lo nuclear de la conversión que se debe revisar en los ejercicio espirituales de cada año? «Al final de la jornada el hombre que se salva, sabe, y el que no, no sabe nada» (Santa Teresa). Saber y salvarse es caer en la cuenta de lo que somos y vivir en tensión ilusionada y gozosa de realizarlo con la mayor plenitud posible, pues Dios es el único y definitivo Absoluto ante el cual no cabe dilación ni engaño. ¡Cuánto necesita nuestra época oír hablar así de Dios y presentir su presencia! ¿No radicará la mayor pobreza y pecado de nuestra época en vivir en ausencia de Dios? ¿No será la misión básica de la Iglesia ser signo, instrumento y sacramento de la presencia de Dios para la vida y salvación del hombre? Aceptar esta cosmovisión lleva a situar la fe en el centro de la vida y desde ahí vivir todo lo demás.

2. *Conviene explicitar mucho más y con más sencillez en qué consiste la vida cristiana.*
Hay cuestiones vitales básicas que definen al creyente: cómo vivir la vida de Dios, qué significa estar convertido, tener espíritu de fe, esperar contra toda esperanza, ser feliz, etc. No podemos seguir formulando estos temas tan decisivos en términos genéricos, exhortativos y en esquemas que para muchos jóvenes de hoy resultan vacíos de contenidos aunque teológicamente sean correctos y muy actuales. Es necesario recuperar una espiritualidad cristiana integral que incluya prácticas concretas que la impidan diluirse, y medios que la mantengan y acrecienten. Hay jóvenes que llevan varios años en procesos catecumenales y a la hora de hacer planteamientos personales y profundos aparecen lagunas básicas fundamentales. Usamos en exceso términos que nunca los traducimos a la vida ni llevamos a contenidos concretos; además, los animadores de grupo formulamos los contenidos de fe desde nuestra formación y experiencia de años, pero al catecúmeno le resultan desprovistos de otro contenido que no sea el estético y desiderativo. En el posconcilio, hemos recuperado la pedagogía de la transmisión del mensaje, pero nos falta por recuperar la pedagogía de la vida interior. Es cierto que una y otra pedagogía están intrínsecamente relacionadas, pero no se reduce la una a la otra.

3. *Reforzar la formación en los grupos cristianos para facilitar la síntesis fe-cultura y fe-vida.*
Entendemos por formación la resultante de estos tres

elementos; estudio sistemático, acción militante y organización que dé estabilidad y facilite la evangelización. Todo ello con un método inductivo, encarnado y que busque no sólo la preservación de lo negativo, sino la transformación de la realidad. Esta formación integral asume valores, los jerarquiza y desde ellos ve y actúa en la sociedad. Escasea en muchos jóvenes y grupos esta formación integral que configura al «militante» en un ambiente concreto.

Los proyectos de pastoral, los materiales que se utilizan y el cauce de las reuniones no suelen incluir aspectos formativos tales como: los rasgos del joven creyente, las virtudes propias del cristiano, las obligaciones de la fe, los ejes de la espiritualidad, la formación de la conciencia, el sentido de pertenencia a la comunidad parroquial, el proyecto de vida anual, la proyección de la vida de fe en el ambiente, la disponibilidad vocacional, etc.

4. *En muchos jóvenes creyentes el esquema básico de lo que entendemos por actitud religiosa está desfigurado.*

La actitud religiosa permite acoger la presencia de lo trascendente en lo inmanente y la apertura de lo humano a lo sagrado. Supone pasar el umbral de ser protagonista de la vida a sentir una presencia que nos resulta fascinante y tremenda al mismo tiempo y ante la cual sólo cabe sobrecogerse y adorar en actitud de rendimiento total. Y todo ello desde la cercanía y familiaridad que nos revela la cruz, la eucaristía y la comunidad eclesial.

Sin esta actitud difícilmente se entra en clima de oración o se puede celebrar un sacramento en todas sus dimensiones. Cuando esto falta caemos en la ética o la estética de lo religioso como proyección de las aspiraciones o logros humanos, y la valoración de las celebraciones se hacen depender sobre todo del grado de conexión afectiva-sentimental entre los asistentes, protagonismo humano de los mismos o de la estética del rito.

Cuando la actitud religiosa no madura, el creyente vive desde la psicología religiosa caracterizada por una experiencia de Dios formulada desde los deseos, la heteronomía y la acción mágica de la gracia. Esta forma de vivir lo religioso no ayuda a la maduración humana y poco tiene que ver con el evangelio.

La actitud religiosa relacionada con la intencionalidad del creyente y su mentalidad sacramental nos ayuda a distinguir lugares y momentos, a vivir desde la fe y a personalizar los sacramentos.

5. *Falta responsabilizarse de la propia situación a la hora de participar y recibir los sacramentos.*

Preocupados los educadores de la fe porque las celebraciones se adapten y gusten a los adolescentes y jóvenes, hemos olvidado con frecuencia que el sacramento es un encuentro personal con Cristo para el que hay que prepararse. No es el olvido de este aspecto nuclear lo que facilita la participación, sino todo lo contrario. Además hemos potenciado en número y calidad las celebraciones de la eucaristía y hemos olvidado el sacramento de la reconciliación tan íntimamente ligado a aquella.

Es necesario redefinir con más claridad y precisión las condiciones para participar en la eucaristía, la valoración responsable de los propios comportamientos y la necesidad de acercarse al sacramento de la penitencia para desde el perdón vivir la plenitud del Resucitado. El tema de la vida de la gracia está muy oscurecido en la pastoral y en la espiritualidad de los jóvenes; explicar en qué consiste, cómo se pierde, se recupera y alimenta es central en la vida de fe entendida como diálogo personal con Dios y como conversión constante.

Sorprende la novedad, profundidad y emotividad con que los jóvenes viven los sacramentos cuando se les presenta y se les prepara bien, en un ambiente adecuado, como pueden ser las convivencias espirituales. Lo que más llega es la celebración personal y comunitaria del perdón, la eucaristía y el encuentro consigo mismo en el silencio y la reflexión.

6. *La fe no ocupa el centro de la vida, sino que es un aspecto más de la existencia al que se dice dar más importancia.*

En el mundo actual sólo caben dos alternativas de hombre: el que se contempla a sí mismo como proyecto intramundano que se acaba en el espacio y el tiempo, y el que se comprende a sí mismo abierto a la trascendencia y llamado a vivir en plenitud y eternidad. Entre los que se dicen creyentes está el que entiende la fe como un apartado más de su vida que tiene dificultad en relacionarse con los otros aspectos, y el que considera la fe como el centro de la existencia que globaliza y da sentido a todas las facetas de la persona situándolas en su lugar e impidiendo que alguna de ellas se absolutice. Sólo este último es auténtico creyente, pues no reconoce más absoluto que Dios y su justicia.

Cuando la fe, el evangelio y la persona de Jesús no es la opción fundamental, la mayor parte de los planteamientos cristianos no tienen razón de ser, casi nunca se comprenden bien y no se asumen del todo. Si no se sale de este segundo esquema de creyente no se puede llegar a la madurez de la fe, y el lugar central y único que no ocupa Dios lo ocupará algún ídolo como el dinero, la fama, el poder, el sexo, etc. El hombre que tiene a Dios como único Señor vive la fe como vocación, es decir, como respuesta con toda la persona y para siempre. Sólo en este caso tiene sentido hablar de pastoral vocacional y el discernimiento vocacional es fácil hacerlo. Quizás la gran tarea del acompañamiento es ayudar a la persona a pasar de un esquema a otro, lo cual en el evangelio se llama conversión.

7. *No presentar en los grupos una propuesta alternativa a la ética burguesa.*

La ética prevalente viene definida por el individualismo, el goce consumista, la falta de referencias fijas y la sustitución de lo verdadero por lo nuevo. Tal es la influencia del ambiente permisivo, que para muchas mentes actuales vivir así es lo normal, no tiene nada negativo y otras propuestas son alternativas voluntarias para héroes o santos. Muchos jóvenes manipulados por el consumo de sensaciones se sitúan en las capas más superficiales de la existencia y poco a poco están incapacitados, con el paso del tiempo, para otros planteamientos. Viven con una conciencia adormecida y aletargada que nunca les plantea el vivir éticamente como tarea, pues sobreviven apoyados en una multiplicidad de muletas que alivian la tensión del presente pero oscurecen el sentido de la vida, el significado real de las cosas y la felicidad en último término. Hay excepciones, pero el panorama brevemente descrito afecta a bastantes jóvenes, algunos de ellos con muy pocos recursos familiares y culturales para poder reaccionar de otro modo. En los últimos años hemos reducido la moral a actitudes y todo lo hemos explicado desde esquemas psicosociológicos que eximen de responsabilidad al sujeto e introducen el baremo de la normalidad según la frecuencia estadística. La maduración y el crecimiento lo hemos fiado al paso del tiempo, al descubrimiento personal y a la no presión exterior de los comparamientos. Y todo ello envuelto en un contexto de mayor sensibilización a los aspectos de ética social, mayor permisividad en la ética sexual y una descalificación de las instituciones que tradicionalmente han socializado las pautas de comportamiento, tales como la familia, la Iglesia y la escuela. En medio de un mundo de tecnificación, se entienden las facetas de la vida por separado y sin entrar en temas como la responsabilidad, el sentido, la realización de la persona, la superación de los problemas, etc. Así el adolescente y joven se encuentran bastante desasistidos, un tanto divididos de manera esquizoide y a merced de la influencia ambiental y de los medios de comunicación que deciden negativamente en los aspectos de la vida que padres, educadores y catequistas hemos abandonado por no saber qué decir, por no atrevernos a decir o por esperar tiempos mejores.

2. Autoengaños en el proceso de conversión

Al realizar el acompañamiento surgen dificultades, que podemos llamar autoengaños, más o menos conscientes, que dificultan la maduración cristiana en los aspectos o momentos más críticos o significativos. Las dificultades más representativas que se les presentan a los jóvenes son las siguientes:

1. *Entender la radicalidad del evangelio como algo optativo.* Sabemos que el camino que marca el evangelio nunca lo alcanzamos del todo; cada uno percibe la llamada al seguimiento de Jesús y busca en interioridad y radicalidad la respuesta personal e intransferible. El seguimiento de Jesús es un dinamismo interior que nos puede llevar a metas insospechadas; la disponibilidad para lo que el Señor quiera se traduce en relativizarlo todo para responder a las invitaciones: «Sígueme», «Venid y veréis», «Os haré pescadores de hombres».

El orientador no debe cometer el error de presentar el seguimiento radical de Jesús como algo optativo que no pertenece al cristianismo común; antes bien, todo su empeño estará en ayudar al joven a descubrir la radicalidad del evangelio y la vocación personal en el reino de Dios.

Cuando el joven percibe las exigencias de la fe tiene miedo a profundizar en su propia vocación, pues no viendo con claridad el plan de Dios para él, tampoco se sentirá llamado a seguirlo. El animador procurará que el joven caiga en la cuenta de la falta de madurez humana y de coherencia entre fe y vida que esta actitud suya significa.

2. *Claridad intelectual plena antes de tomar alguna decisión.* Es claro que la fe y el compromiso no son consecuencia de ideas y argumentos que lleven a conclusiones evidentes. Para comprometerse no hay que esperar a tenerlo todo claro, porque siempre tendremos alguna duda y la última confirmación de la vocación está en la vivencia de la misma.

Los jóvenes más inquietos y generosos buscan a veces la seguridad total, incluso en los aspectos secundarios de la identificación vocacional; con este modo de proceder se están poniendo los medios como fin y el fin como medio. Así no es posible hacer una elección vocacional evangélica. El seguimiento de Jesús pide una confianza total en Aquel que llama y por quien todo se arriesga: «Sé de quién me he fiado y que mi vida queda en buenas manos» (Jeremías).

3. *Dejar fuera de la identificación vocacional las facetas más significativas de la vida o la persona.* En muchos grupos cristianos se vive multitud de pequeños compromisos que tienen más carácter de activismo o beneficencia que de compromiso de vida. Con frecuencia, estas actividades no comprometen la persona del joven ni los aspectos más importantes de su vida, como, por ejemplo, los estudios, el dinero, el tiempo libre, el futuro, etc.

¿No tenemos la impresión de que los jóvenes de los grupos cristianos terminan en su mayoría haciendo una opción por el estilo de vida burgués, individual y consumista? Esta dificultad se supera si colocamos la opción por Jesús como lo primero que define el futuro y condiciona el resto de las decisiones que se han de tomar.

4. *Atender más a las limitaciones personales que a la llamada del Señor Jesús.* Es frecuente esta tentación entre jóvenes creyentes que acogen el evangelio y quieren dar una respuesta generosa, pero se encuentran con sus limitaciones, defectos e incluso pecados. Fácilmente surge un cierto voluntarismo moralizante que genera un narcisismo espiritual en virtud del cual nunca se está capacitado para una opción total y definitiva.

Es más cristiano poner los ojos en Aquel que nos puede liberar y salvar que en nuestras pequeñas posibilidades. Además, la respuesta vocacional se apoya en la fe, es decir, en el fiarse de Aquel que me ha llamado. Al vivir este dinamismo espiritual es cuando mejor se superan las deficiencias, pues es Dios quien nos convierte y transforma.

No se trata de no valorar las posibilidades humanas ni de quemar etapas que llevan a opciones inmaduras;

con todo, tampoco se deben posponer indefinidamente las opciones más importantes. En más de una ocasión, cuando se trata de retrasar el compromiso, lo que se hace es no poner los medios para poder llegar más adelante a la clarificación vocacional.

5. *Excusarse en dificultades externas a la opción personal*. Aquí entran en fuego los obstáculos surgidos en el ambiente familiar, profesional o del grupo de amigos. Si se tiene clara la decisión a nivel personal, estas dificultades se superan con más facilidad que las anteriores. Son pruebas que aquilatan la opción personal y ponen de manifiesto cómo la fe en el señor Jesús, a veces, supone romper con lazos de sangre, clase, amistad, cultura, etc., para anunciar con más coherencia y credibilidad la fuerza del evangelio desde la debilidad humana.

6. *Querer compatibilizar la llamada con cualquier estilo de vida*. En la bibliografía actual cristiana y laica aparece con frecuencia la necesidad que tenemos de ofrecer alternativas de vida a la sociedad actual.

No se trata, evidentemente, de retirarse o marginarse del contexto social para encarnar el estilo de vida cristiana. Antes bien, se sitúan estas propuestas según la dialéctica del evangelio de san Juan de «estar en el mundo sin ser del mundo para transformar el mundo».

El espectáculo que damos gran parte de los cristianos es el de vivir cómodamente instalados en una sociedad que proporciona un estilo de vida poco o nada acorde con el evangelio. De esta forma, el reino de Dios no sólo no progresa, sino que se justifica desde la fe algo totalmente ajeno al querer de Dios y a la humanización de los hombres.

En este contexto condicionante es fácil caer en la tentación de vivir lo cristiano haciéndolo compatible con los contra-valores de nuestro mundo. Por el contrario, hoy más que nunca hay que presentar la opción de fe y compromiso cristiano como la realización de alternativas de vida que dan sentido utópico a la vida humana. No todas las profesiones, actuaciones y estilos son mínimamente compatibles con el ser cristiano.

Si la fe no llega hasta estos reductos de la persona y su incardinación social, no estamos totalmente convertidos al evangelio. Opciones como estas pueden resultar muy dolorosas, pero son profundamente significativas por lo que tienen de testimonial y martirial.

7. *Proyecto de futuro que no tiene en cuenta a los pobres*. Hemos afirmado que el reino de Dios tiene mucho que ver con que los pobres lleguen a ser realmente los protagonistas de la historia. La base de esta afirmación es que Dios se ha solidarizado con su causa de forma gratuita y desconcertante, y desde los pobres nos llama a la realización de un proyecto de hombre y mundo nuevos.

Este dato teológico ilumina la misión de la Iglesia y de cada cristiano. Por lo mismo, la opción vocacional del cristiano será respuesta al cómo y dónde serviré más y mejor a los pobres de este mundo.

En las sociedades democráticas con más sensibilidad por los problemas sociales, los ciudadanos tienden a ser generosos con los excedentes de sus bienes y a crear instituciones que atiendan a los menesterosos. Fácilmente justificamos nuestra preocupación por los necesitados con las atenciones que a nivel estructural se establecen; el cristiano tiene que personalizar mucho más todos los asuntos referentes al hombre, sobre todo al hombre necesitado.

Seguir a Jesús pasa por la elección de una carrera o el ejercicio de una profesión desde las preocupaciones por la igualdad y participación de todos los hombres. La familia cristiana tiene que estar en esta onda solidaria y comunitaria para que sea también instrumento de fraternidad entre los hombres y los pueblos. Las comunidades religiosas y los misioneros serán signos específicos del amor fraternal universal que expresa la utopía del evangelio sostenida por la paternidad de Dios. Ojalá los jóvenes de los grupos catecumenales se sientan interiormente cogidos por el *agape* cristiano y se abran a la esperanza de arriesgarlo todo, desde Dios, por una humanidad mejor.

Capítulo 11

Acompañamiento espiritual y discernimiento vocacional

El seguimiento de Jesús nos lleva a descubrir la voluntad de Dios para cada uno y cómo esta se concreta «aquí y ahora» en las circunstancias personales e históricas. La vocación de cada uno es intransferible y pide respuesta sin engaños ni dilaciones. Responder vocacionalmente con toda la persona y en toda la vida es el objetivo de la pastoral de la Iglesia. De alcanzar esta meta depende en gran parte la madurez cristiana y la realización personal. Dios quiere para nosotros lo mejor y nos da la gracia que necesitamos para corresponder a lo que nos pida. Una de las tareas prioritarias del acompañamiento personal consiste en el discernimiento vocacional. Exponemos a continuación cómo se sitúa el discernimiento vocacional en la pastoral juvenil. Cuáles son sus contenidos y dinamismos y cómo debe ser el papel del acompañante.

1. La pastoral vocacional en la pastoral juvenil

La pastoral juvenil y la pastoral vocacional no son dos pastorales paralelas con proyectos autónomos e incomunicados, sino que la pastoral juvenil debe concebirse y hacerse toda ella con perspectiva vocacional. Por consiguiente, las opciones de fondo y los planteamientos de una y otra pastoral deben estar perfectamente entroncados y ser convergentes. Dentro de este planteamiento general cabe hacer una precisión: es necesario y urgente intensificar lo vocacional específico en las etapas posteriores a la convocatoria e iniciación. La pastoral a las vocaciones específicas supone lo genérico, no es un añadido, sino la concretización de la globalidad. El carisma común a todo bautizado es vivir como tal en medio de los retos de la historia; esto debe actualizarse y concretarse en cada uno según la voluntad de Dios expresada en la llamada vocacional. El sujeto fundamental de la pastoral vocacional es la comunidad convocante, pues ella es la que interroga (provoca), acompaña (proceso de maduración) y recibe (identificación vocacional). La propuesta del reino de Dios se traduce en ser hermano y discípulo, y la comunidad cristiana aparece como el lugar e instrumento privilegiado al servicio del Reino; la comunidad cristiana, cualquiera que sea en sus múltiples formas y modalidades, debe ser una invitación y cauce concreto para encontrar el propio proyecto de vida.

2. En la etapa de profundización deben hacerse las propuestas vocacionales explícitas

En esta etapa se profundizan los aspectos más importantes de la vivencia de la fe como son la cristología, la oración y los sacramentos, las exigencias de la comunidad y los aspectos del compromiso (afectividad, profesión y pertenencia). En este momento del proceso de maduración la pregunta central consiste en ver con quién vivir, amar, dar la vida, trabajar y pertenecer. Responder a esta pregunta exige un acompañamiento-discernimiento personal según el proyecto de formación y la presencia del acompañante, pues ambos constituyen los elementos de contraste personal que facilitan el crecimiento. Para ello:

Diálogo que ayuda a objetivizar la experiencia y su

repercusión en la conciencia. El acompañante ilumina esta búsqueda de la voluntad de Dios a través de la relectura de la vida desde Jesús y su evangelio.

Necesidad de ámbitos de silencio y ayuno que purifiquen los intereses personales y ayuden al joven a descentrarse de sí y centrarse en Dios y su voluntad. Sólo en el yo profundo se puede encontrar la voz de Dios, las llamadas angustiosas de los hombres y sentir las intuiciones del corazón.

Discernir desde los valores del Reino que son: la opción preferencial por los más pobres, la pertenencia comunitaria y la actitud de disponibilidad. Estos valores no se imponen desde fuera ni son fruto del esfuerzo voluntarista; por el contrario, deben ser descubiertos y acogidos para que nos alcancen a nosotros.

Carácter totalizante de la vocación. En la dimensión psicológica y en la dimensión de fe la persona debe sentirse alcanzada globalmente porque todos los aspectos vitales se van a ver implicados en un proyecto totalizante. Se pone en juego toda la persona y su futuro; con lo cual, todo queda relativizado y subordinado a la opción fundamental.

Dialéctica entre identidad personal y pertenencia institucional. Los valores se encarnan en modelos y la formación se realiza a través de cauces concretos que posibilitan y mediatizan la identificación vocacional. Sólo quien escoge y concreta puede madurar; sólo quien vive en actitud de apertura creativa sin dejarse ahogar por las estructuras llegará a ser persona lograda y fiel al dinamismo de la gracia.

3. Atención a los elementos afectivos del proceso vocacional

La maduración de la persona tiene mucho que ver con la coherencia entre la cabeza (razón) y el corazón (afectividad) superando toda polarización o reduccionismo. Hay un «saber» vital que consiste en saborear la existencia y conducir la propia vida de manera que uno sea lo que realmente quiere y se realice plenamente como persona libre, feliz y solidaria, tres aspectos que son inseparables en la persona desde cualquier antropología humanista.

Llegar a esta sabiduría es un proceso lento, con etapas y dinamismo específicos. Implica los siguientes pasos:

1. *Receptividad a través del:*

a) Reconocimiento de datos personales, históricos, religiosos, eclesiales, etc. ¿Qué se nos quiere comunicar en y a través de ellos? La respuesta implica percibir las llamadas profundas, la invitación de Dios, los signos de los tiempos, las posibilidades, etc.

b) Comprensión del contenido que se encierra en un mensaje. A partir de los datos anteriores se relee la palabra de Dios y se aceptan las interpelaciones del evangelio. Supone afán receptor acompañado de un caer en la cuenta y de actitud de apertura a toda interpelación.

2. *Respuesta a lo que se ha percibido y que lleva a:*

a) Aplicar todo ello a una nueva situación en la que se quiere responder, se desea responder, se encuentra a gusto respondiendo y puede llegar al heroísmo de dar la vida en y por el compromiso tomado.

b) Análisis del porqué quiero responder así, aquí, en esto, etc. Se trata de llegar a los valores que subyacen a las respuestas que se van tomando. El valor supremo y último de Jesús fue el Reino como cumplimiento de la voluntad del Padre. Las actitudes de Jesús fueron aceptar preferencialmente estos valores y comprometerse con ellos en una entrega total.

3. *Consecuencias de lo descubierto y aceptado para organizar la vida a partir de ahora.* Supone una nueva síntesis vital que pasará a caracterizar el ser y actuar de la persona que se siente alcanzada por la lectura de la vida desde la persona y el evangelio de Jesús.

Los valores, si son auténticos, «cogen por dentro» a la persona, es decir, alcanzan la esfera afectiva y desde ahí se conoce, como dice san Ignacio, «para más amar» y «para más seguir»; es necesario comprender y amar antes de responder. La vocación de cada uno es un modo de ser que engloba al modo de relacionarse y lo que se hace; uno y otro aspecto se viven en un contexto socio-histórico en el que hay que encarnarse, previo un análisis crítico-creyente. La palabra de Dios y la acción del Espíritu ayudan a anticipar la utopía del Reino a través de actitudes testimoniales y de gestos personales y comunitarios.

Tener vocación es sentirse llamado a algo que pone en juego toda la persona desde una actitud de conversión y para el anuncio-construcción del Reino. La cuestión candente de la pastoral juvenil consiste en comprobar si ayudamos o no a los jóvenes a hacer proyectos que globalicen toda su vida y realidad. En este sentido, la concepción cristiana choca y es irreconciliable con determinadas antropologías reduccionistas que absolutizan un aspecto de la persona y cercenan otros. La antropología cristiana es heterocéntrica, pues concibe la plena realización del yo en la apertura relacional comprometida con el Tú de Dios y el tú de los otros y para otros. Esta apertura al Dios revelado en Jesús y a los más pobres se hace proyecto de vida en fidelidad; ahora bien, descubrir y optar por este proyecto vocacional exige un proceso educativo y el ejercicio del discernimiento cristiano.

4. El acompañante espiritual ayuda a formular el proyecto vocacional de vida

El deseo y la aspiración básica y fundamental de todo ser humano es ser feliz y encontrar la felicidad por los medios adecuados. Aun permaneciendo esta actitud, no siempre se es feliz porque fallan los medios; más aún, se impide y traiciona radicalmente la posibilidad de ser feliz cuando los medios se transforman en fines. Los jóvenes de hoy sufren la falta de utopías globalizadoras que orienten e impulsen el caminar y la búsqueda de sentido; padecemos también una abundancia informativa sin referencias que posibiliten su valoración y ordenación. Si a ello añadimos el ambiente hedonista y erotizado que todo lo envuelve, obtenemos como resultado una inseguridad existencial por la falta de valores y modelos que propicien la identidad personal y la toma de decisiones. Sin decisiones importantes la adolescencia se prolonga indefinidamente y puede llegar a colorear la vida entera del adulto.

La vocación a la que todos estamos llamados es la de ser plenamente felices respetando nuestra propia autonomía y condición; el hombre es feliz cuando se abre al dinamismo de amor y desde ahí plantea todo lo demás. Dentro de estas coordenadas se sitúa la visión cristiana de lo que llamamos vocación, compromiso y proyecto. Conviene clarificar y distinguir bien estos términos para mejor matizar el proceso de acompañamiento encaminado al discernimiento vocacional, meta de la pastoral juvenil y del acompañamiento espiritual.

Vocación

Todos los hombres estamos llamados a acoger el amor de Dios revelado en Cristo Jesús, muerto y resucitado por nuestros pecados, y presente por el Espíritu en la Iglesia y en el mundo. Intentar vivir desde este amor y por este amor hace de Dios el centro de la persona, el motor de la vida y el horizonte de la historia. Podemos amar porque primero hemos sido amados por Dios de una forma insospechada y desbordante. Aprender a ser queridos por Dios y desde ahí amar a los otros con el corazón, la cabeza y la voluntad es la vocación a la que todos estamos llamados por el bautismo y la confirmación.

Compromiso

Si somos queridos por Dios y queremos a los demás, si el horizonte del reino de Dios es la fraternidad universal, si hay que transformar el mundo, ¿qué hacemos con nuestra vida y posibilidades? Para poder responder a este interrogante necesitamos oír y sentir los «gritos» de los hombres de nuestros días, sus angustias y aspiraciones, sus fracasos y frustraciones, sus engaños e idolatrías. Para hacer de toda la vida una acción comprometida hay que empezar por analizar la realidad desde los datos que nos proporcionan las ciencias humanas iluminadas por la palabra de Dios. La meta es situarse de forma empeñativo-transformadora ante la realidad humana pero para ello necesitamos saber qué pasa y qué tenemos que hacer, lo cual requiere un método de análisis creyente de las situaciones plurales y cambiantes. Realidad humana interpelante, iluminación con la palabra de Dios y actitud comprometida son los elementos de la liberación cristiana.

Proyecto

En la medida en que se pone el amor de Dios en relación con las realidades históricas y eclesiales, se va descubriendo lo que personalmente y de manera concreta se puede hacer para no ser conformistas y pactar con la injusticia. Lo que cada uno puede hacer previo conocimiento personal de aptitudes, análisis de la realidad circundante y discernimiento de la voluntad de Dios, se convierte en deber, es decir, en exigencia personal libremente asumida como camino de salvación y realización humana en solidaridad con los más necesitados.

A la hora de elaborar el proyecto, el miedo a comprometernos, a comprometer el futuro —que es el auténtico compromiso—, nos lleva a vivir de apariencias y sucedáneos que nos impiden radicalmente ser felices, ya que la felicidad supone la integración del espacio (realidad humana) y el tiempo (historia). Para poder hacer el proyecto personal:

— No hay que dejarse dominar por el pasado que ata, aunque haya que tenerlo en cuenta.

— No hay que aplazar indefinidamente las decisiones, pues el futuro no comprometido miente, ya que detrás de nada hay nada. El futuro está en germen en el presente que, regado por el pasado y abierto al futuro, aparece como «posibilidad» *kairos* de gracia y salvación.

— La voluntad de Dios, a través de las necesidades humanas y de salvación, pide una respuesta «aquí y ahora». En esta respuesta se compromete la responsabilidad, la fidelidad del creyente y la realización según el evangelio.

5. ¿Cómo se hace el proyecto de vida?

Para que un proyecto sea cristiano debe de corresponder al proyecto del Reino, que exige al creyente arriesgarse en los aspectos importantes y fundamentales de su existencia. La expresión del riesgo y radicalidad del proyecto de vida se mide por la convergencia y unificación de la realidad exterior e interior de la persona. Por lo mismo, el proyecto antes que nada es una actitud que unifica cabeza, corazón, voluntad y acción. Esta actitud surge como resultante de una vida planteada y vivida desde la persona y el evangelio de Jesús, es decir, desde el mandamiento del amor. Este valor actúa como el *valor central* desde el que se relativiza u ordena todo lo demás: conciencia, relaciones y estructuras. Al organizar el amor la jerarquía de valores y relaciones, surgen las *opciones básicas* a nivel personal, social y político que son paradigma de una vida comprometida.

1. *Opciones a nivel personal.*

La profesión y el estado de vida son las dos realidades que centran la vida del adulto y le insertan de modo significativo en la sociedad. Veamos cada una de ellas por separado.

Profesión. Las profesiones constituyen el medio y las plataformas de participación en las estructuras socio-laborales desde las que se pueden mejorar las relaciones y el modelo de sociedad. A la hora de seleccionar los criterios para elegir una u otra profesión, el creyente debe primar la motivación de influir por el trabajo —qué trabajo, cómo ejercer la profesión, desde dónde, para quién, con quién— en la humanización de las estructuras. El tipo de cultura que subyace a toda orientación profesional tiene que ver con el tipo de hombre y de sociedad que se busca; el cristiano opta por los valores solidarios y la participación en todos los niveles.

Estado de vida. En esta opción están implicadas las inclinaciones más básicas del ser humano, pues alcanza lo más íntimo del hombre y la mujer, la afectividad. Para el creyente hay dos opciones: el matrimonio y el celibato por el Reino.

— El matrimonio. El surgimiento de la pareja y el noviazgo ha supuesto para muchos creyentes el abandono del grupo, la militancia y los planteamientos evangélicos. Todo ello se ha debido a una concepción del matrimonio burguesa, individualista y sometida a intereses exclusivamente afectivos. Si el estado de vida es una opción global y totalizante, son los dos componentes de la pareja los que deben de realizar juntos un proyecto vocacional de vida según los valores del evangelio y con referencia a la comunidad cristiana. Esto dará un estilo nuevo a las relaciones afectivas, presencia solidaria, vida matrimonial, inserción eclesial, etc.

— El celibato por el Reino. El celibato evangélico es signo claro de entrega, servicio y actitud profética. La renuncia a vivir la afectividad en un contexto erótico-sexual debe traducirse en una mayor presencia entre los pobres como sacramento de Cristo y de la acción del Espíritu. Los valores de universalidad y disponibilidad son los que mejor especifican el «celibato por el Reino». Matrimonio y celibato, como carismas y formas distintas de vivir el amor, se complementan mutuamente. El celibato recuerda constantemente que el amor cristiano es incondicional, fraternal y universal empezando por los más pobres; el matrimonio recuerda de manera concreta que la eficacia en el amor tiene que ser también afectiva y concreta, para no caer en idealismos o ascetismos que separan de la realidad y potencian el individualismo no comprometido.

2. *Opciones a nivel social.*

El barrio donde se vive, la acción sindical, el compromiso cultural-educacional y la parroquia son las estructuras donde la persona vive y actúa en lo cotidiano de cada día. La opción base es la de la encarnación en actitud solidaria, concientizadora y comunitaria.

El creyente y la comunidad a la que pertenece no pueden ser meros espectadores de lo que sucede, sino que por la presencia, el testimonio y la evangelización procuran construir el reino de Dios. Hoy más que nunca se necesita una actitud de no dejarse manipular, de superar el consumismo y de redescubrir los valores fundamentales de la vida; ayudar a tomar conciencia de lo que significa ser hombre es imprescindible para encontrar la propia identidad personal y social. Las mismas estructuras de las obras eclesiales deben ser modelo y referencia de los valores evangélicos y de lo que el cristiano trata de conseguir en la sociedad.

3. *Opciones a nivel político.*

La salvación cristiana es una propuesta de liberación total y el reino de Dios tiene su traducción en cada momento histórico sin identificarse con ningún modelo concreto. Las exigencias de los valores del Reino también alcanzan la esfera de lo económico y de lo político. Ante estas realidades la Iglesia y cada creyente nunca es neutral, sino que de una u otra manera se toma partido; la cuestión de fondo es si las opciones tomadas son las más evangélicas. El mandamiento del amor tiene implicaciones políticas; en la actuación política el cristiano debe tomar partido por los más pobres que luchan por la consecución de las metas mínimas y básicas de la existencia humana. Estos objetivos fundamentales de humanización deben ser releídos en cada época y situación sociohistórica. Las opciones de partido que algunos cristianos hacen, deben asumir los siguientes requisitos:

— La opción política debe ser la consecuencia de un proceso de compromisos profesionales y sociales.

— La política debe vivirse desde la cosmovisión de la fe, sin que esto suponga negar la autonomía de lo humano.

— La opción política no puede hacerse sin tener en cuenta el diálogo con la comunidad. Si la comunidad es el punto de partida de la vivencia de la fe, desde ella hay que vivir también todas las demás opciones. Exige comunidades maduras que asuman el pluralismo desde la unidad en lo fundamental: la fe en Jesucristo, la primacía del amor y el horizonte de la esperanza.

Todos los compromisos del cristiano se plantean y viven desde la fuerza interior que es Jesús y su Reino; no hay compromiso auténtico que no parta de la vida interior que asegure la coherencia entre lo interior y lo exterior y posibilite el anuncio de la Buena Noticia. Es decir, la evangelización en sus múltiples modalidades es lo nuclear del compromiso cristiano. Los diferentes compromisos de las comunidades y los cristianos no pueden vivirse al margen de la animación de catecumenados juveniles a los que los jóvenes se sienten convocados y aprenden en el seguimiento de Jesús a testimoniar y trabajar por los valores evangélicos desde la conversión personal. Para esta labor es imprescindible la formación de jóvenes evangelizadores y catequistas de otros jóvenes, profundamente creyentes, que viven su fe en comunidades encarnadas en la realidad que hay que transformar y salvar.

6. Asegurar la dinámica propia del discernimiento cristiano

Según la definición de J. Bots por discernimiento cristiano entendemos: «Bajo qué condiciones y siguiendo qué proceso puede una comunidad o grupo llegar a tomar una decisión que no venga empujada por motivaciones meramente racionales o emotivas, derivadas del interés, sino a la luz de la voluntad de Dios».

El objetivo de este apartado es definir las condiciones y el proceso para poder hacer un buen discernimiento, y que este sea cristiano. La preocupación del catequista de adolescentes y jóvenes es: ¿cómo alumbrar en cada etapa la experiencia de Dios que vaya preparando la opción vocacional?

Antes de entrar en las actitudes para hacer un buen discernimiento y en las fases del proceso de discernimiento, fijemos nuestra atención en los requisitos previos:

a) Superar la tentación de huir de la propia historia. Nos referimos al ambiente, cualidades, posibilidades, defectos y limitaciones de cada persona. No puede haber discernimiento verdadero y apropiado si no es desde el conocimiento propio sin dejarse agobiar por el mismo, pues la actitud creyente se define por «salir de la propia casa», fiarse de la promesa de Dios y caminar hacia la tierra prometida. Lo que más nos cuesta es mantener la esperanza en medio de la realidad frustrante y conflictiva, pero ahí es donde la gracia de Dios manifiesta más su fuerza y su poder.

b) Enlazar pasado, presente y futuro desde el descubrimiento de la historia de los hombres llena de contrastes, desigualdades e injusticias.

El proyecto de fraternidad es el único que puede hermanar, sin polarizaciones o reduccionismos, la igualdad y la libertad. La solución técnica de los problemas pasa por la solidaridad y esta sólo se empuja desde la vivencia de la fraternidad. La revolución solidaria exige la militancia integral, es decir, testimonio y profecía como base de toda acción para que la revolución no se quede en burocracia adornada por principios éticos y facilitadora de comportamientos burgueses e insolidarios.

c)   Inventar lo que está pasando para que se explicite la historia de la salvación.

Vivir el presente con todas sus limitaciones y contra-dicciones sabiendo que a pesar de todo la vida triunfa y camina hacia la plenitud, porque Cristo resucitado es el gran Viviente, principio y fin de la historia. Estamos hablando de la relación dialéctica entre utopía y realidad; hay que palpar la densidad de la historia y aventurarse por lo no probable, pero sí posible, sin rendirse a la tozu-dez de los hechos ni entregarse a idealismos fuera de la realidad. Hay que inventar desde el origen, es decir, desde la memoria del acontecimiento pascual y abrir expectativas hacia la plenitud, sin olvidar que esto exige una actitud martirial. El principio de todo es «Amaos como yo os he amado»; desde ahí hay que mantener los medios en su sitio e impedir que se hagan fines. Importa mucho medir los cómos: cómo ser hijo, cómo ser hermano, cómo ser pueblo, cómo ser alternativa, cómo encarnar la utopía, cómo poner a producir las intuiciones, cómo ser concreto, cómo ser fiel, etc. El discernimiento se hace siempre desde la percepción de dónde se está, y a través de la síntesis de lo vivido avanzar sabiendo cuál es el paso siguiente. En este proceso necesitamos dar nombre a lo que hemos intuido y para ello precisamos los criterios del discernimiento que hizo Jesús, actitudes adecuadas y seguir la metodología del discernimiento.

1. *El discernimiento de Jesús.*

Jesús era Dios desde el primer momento de la encar-nación y traía la misión de hacer la voluntad del Padre para salvar a la humanidad. Con todo, fue viviendo el cómo de su misión a través de las situaciones socio-his-tóricas que le rodearon; para ello superó las tentaciones del tener, saber y dominar y optó por el ser, servir y compartir a través de la solidaridad con los pobres, enfermos, pecadores y marginados. De la conducta de Jesús podemos sacar los siguientes criterios de discernimiento:

— No es suficiente optar por un fin bueno, pues tan importante como eso es la elección de los medios.

— Jesús no eligió los medios más eficaces según la mentalidad e interés de los hombres; al contrario, todo lo planteó desde la solidaridad con el débil.

— Eligió una solidaridad «parcial» (preferencial respecto del pobre, «sin límites» (amó a todos) y «conflictiva» (hasta el extremo de dar la vida).

2. *Actitudes previas para un buen discernimiento.*

Con las palabras previas se indican las actitudes sin las cuales no se puede dar un discernimiento libre de intereses racionales o afectivos y en consonancia con la voluntad de Dios. Las principales actitudes son:

— Buscar ante todo y sobre todo la voluntad de Dios. El reino de Dios es el horizonte único desde el que se encuentra lo que Dios pide para cada uno.

— Es necesario integrar y utilizar las aportaciones de las ciencias humanas, pues el evangelio no da respuesta a los problemas, aunque sí los ilumina y redimensiona.

— Descentrarse de los esquemas e intereses personales que actúan a modo de ideología justificadora para centrarse en Dios y su justicia. Unicamente se puede romper este círculo ideológico desde la opción preferencial por los pobres.

— Plantearse todas las pequeñas opciones desde la opción fundamental cristiana: Jesucristo, su causa y mensaje. Sin este centro de consistencia es difícil la fidelidad, la coherencia y el sentido de la vida.

3. *Etapas del proceso de discernimiento.*

Entramos ahora en el aspecto metodológico que asegura que el proceso llegue al final:

— Lo primero de todo es centrar bien el contenido

sobre lo que se quiere discernir. Acotada la materia es preciso recalcar que se discierne sobre los medios y no sobre el fin, que se da por supuesto: hacer la voluntad de Dios.

— Situarse mental y afectivamente en la presencia de Dios, en actitud de indiferencia respecto del propio querer e interés para que se pueda dar la diferencia a favor de Dios y su causa. Ponerse en manos de Dios y estar dispuesto a todo, sea lo que sea, en actitud de confianza y disponibilidad.

— Tiempo de análisis y reflexión en contexto de oración para ver qué mociones se sienten y poder comunicar desde la propia conciencia lo que se haya intuido.

— Compartir con la persona que acompaña todo lo que se va sintiendo desde el conocimiento interior de Jesucristo, y en la búsqueda de lo que Dios quiere. Así se asegura la objetividad en la toma de decisiones.

— La toma de decisiones que se hayan discernido como las más apropiadas y que se leen como voluntad de Dios; sólo la puesta en práctica de estas decisiones puede confirmar si se está en lo cierto o no.

A modo de conclusión digamos que no hay discernimiento sin ruptura con los criterios del mundo, lo cual exige vigilancia y valentía, pues las decisiones discernidas van a afectar —si se asumen— todas las facetas de la vida humana y el futuro de la persona. El quehacer de la pastoral juvenil que no llegue a estos niveles de profundidad traiciona su presupuesto fundamental: ayudar a la maduración de la vocación, lo cual no se puede hacer sin buscar y encontrar la voluntad de Dios para cada uno que se concreta en el proyecto de vida.

4. *Tiempos para hacer sana y buena elección.*

El discernimiento lleva tiempo porque parte del conocimiento vivencial de Jesús al que no se llega sino es por la interiorización y personalización de la fe. Es decir, exige libertad interior para elegir algo que engloba toda la persona y tiene carácter de radicalidad. Llegar a afirmar como san Pablo en Flp 3,8: «Cualquier cosa tengo por pérdida al lado de lo grande que es haber conocido personalmente a Cristo Jesús, mi Señor», es una gracia que hay que pedir desde una actitud de humildad y estando muy atento a la acción del Espíritu.

No se puede llegar hasta el final si no es quitando lo desordenado que me impide responder adecuadamente. Para ello hay que ver los engaños, proyecciones y justificaciones que uno se hace para hacer primar su proyecto sobre el querer de Dios manifestado a través de los acontecimientos eclesiales e históricos. Sólo superando estos obstáculos y sintiéndose «seducido por Cristo» (cf Gál 2,20) se puede uno lanzar a la locura del seguimiento y tomar las decisiones más arriesgadas sustentadas en el *homo serviens* y el *Abbá*, que dan la fidelidad en los momentos de crisis y mantienen el proyecto de «ojos nuevos» y «manos nuevas» para que el mundo sea Reino. Porque «Yo estoy con vosotros hasta el final», «no tengáis miedo» y «dad de balde, lo que de balde habéis recibido».

Este camino se hace cada día; con todo, hay situaciones en que se intensifica el discernimiento por las decisiones que se tienen que tomar o el momento personal que uno atraviesa; nos referimos a los «encuentros» o «ejercicios de discernimiento» con duración de ocho días a un mes.

7. Estructuración del acompañamiento que posibilite el discernimiento vocacional

Estamos ante la experiencia que actúa como hilo conductor de todo el proceso de maduración de la fe al que sirve la pastoral juvenil-vocacional. En este hilo conductor se van a ir colgando todas las demás piezas y elementos, válidos en sí mismos, pero que si no tienen soporte no encajan bien y terminan por desaparecer.

La primera exigencia del acompañamiento es que no es una actividad voluntaria, sino el elemento constitutivo que da unidad a todo lo demás a través de la personalización; por ello Juan Pablo II define el acompañamiento

—sobre todo si va unido al sacramento de la reconciliación— como «una escuela sistemática de vida interior» (Mensaje a los jóvenes en el año de la juventud 1985). Si es algo sistemático debe estar perfectamente estructurado, no para ahogar la creatividad, sino para liberar energías y facilitar la consecución de los objetivos propuestos. Vamos a describir brevemente la estructura del acompañamiento personal, es decir, lo que tiene que ir viviendo la persona en lo profundo de su vida y que está más allá de los temas y actividades, y donde el grupo como tal o cada uno por sus propios medios o posibilidades difícilmente puede llegar. Para ello vamos a recopilar y organizar muchas cosas sabidas y expuestas para verlas de manera orgánica y funcional:

1. *Punto de partida.*

Ser cristiano se define como la búsqueda de la voluntad de Dios en la vida y su concreción en cómo, dónde y con quién va a ser vivida. A ello nos ayuda el seguimiento de Jesús vivido en grupo catecumenal y el conocimiento interior del misterio cristiano que hay que sentir y gustar.

El acompañamiento asegura la objetividad, tanto en el encuentro con uno mismo como en el conocimiento de Cristo. Se pide al acompañado cierta docilidad al Espíritu que impida cualquier manipulación de lo que Dios quiere. La búsqueda seria y sincera de la voluntad de Dios exige someterse a una cierta disciplina que lleva a compartir periódicamente la vida desde lo profundo del yo, pues tanto el acompañante como el acompañado tratan de guiarse y fiarse de la fe. Es fundamental asumir este proceso de mutuo acuerdo.

2. *El rol del acompañante.*

En el proceso de rastrear el paso de Dios por la vida de las personas el rol del acompañante es el de:

— Objetivizar lo que pasa con la mayor fidelidad posible; para ello actúa como espejo de lo que ocurre y testigo de la fidelidad a Dios.

— Pedagogo por la propuesta de tareas que ayudan al joven a caminar y a evaluar los logros obtenidos.

— Experto sapiencial en discernimiento de espíritus que facilita la lectura de lo que pasa para encontrar el significado-sentido de las cosas y ver por dónde se quiere caminar.

— Apoyo y estímulo que facilita la superación de las dificultades y sostiene los ánimos.

3. *El sujeto que vive el acompañamiento.*

El acompañado debe asumir el hablar desde lo profundo de su ser sabiendo que cuando se da esta comunicación la persona es aceptada y querida incondicional e independientemente de lo que comunique. Con todo, tiene que controlar la transferencia de emociones y sentimientos para asegurar la objetividad de la relación. Existen unas reglas de discernimiento y acompañamiento que deben ser voluntariamente aceptadas, ya que todo ello va encaminado a suscitar en la persona que busca la voluntad de Dios la actitud de indiferencia para que lo que Dios quiera pueda ser conocido y gozosamente aceptado.

Aspectos que deben ser discernidos respecto de:
— El sujeto que hace la experiencia: qué historia ha vivido, qué experiencias tiene, motivaciones, propuestas concretas, capacidad de opción, etc.

— El momento que se está viviendo: etapa de purificación (conversión a Jesús y a los pobres), etapa de elección (disponibilidad para...) y etapa de confirmación (caminar en la decisión tomada).

— Las mociones que siente el sujeto, tanto de consolación como de desolación. Es necesario situarse a niveles afectivos donde surgen las intuiciones de cara al futuro y ahí preguntar: ¿cómo brota el amor de Cristo?, ¿cómo se traduce en opción por los pobres? y ¿cómo se percibe: con paz o agresividad?

4. *Directividad / no directividad en el proceso.*

El acompañante debe tomar una actitud directiva respecto del método y no directiva con respecto al proceso que va siguiendo la persona.

El acompañado vive el proceso desde la actitud de disponibilidad, es decir, de confianza y descentramiento personal; al llegar al momento de la elección debe haber un cambio de inflexión y la iniciativa le corresponde al sujeto que hace el discernimiento.

La entrevista es el momento en que se pone en común lo que va sucediendo en la experiencia del orientado para buscar acompañado y acompañante con ópticas distintas, pero complementarias, el paso de Dios por la vida de la persona.

La entrevista debe ser periódica, con espacios mayores o menores de tiempo según la etapa y situación de la persona, no excesivamente larga, centrada en la persona que discierne y con preguntas concretas y abiertas que faciliten la comunicación personal y profunda.

La entrevista debe terminar proponiendo al orientado tareas claras, factibles, programadas, evaluables y en línea de lo que se va descubriendo y del objeto que se busca discernir.

Momentos en que se intensifica el proceso.

El acompañamiento requiere momentos de encuentro donde en ambiente adecuado y con más tiempo —tanto a nivel de grupo como de manera personal— se pueda profundizar en el discernimiento. Nos referimos a las convivencias cristianas (1º y 2º BUP - FP I), ejercicios espirituales (3º de BUP - COU - FP II) y otros encuentros que tengan durante el curso, como Pascua juvenil o la variedad de encuentros de verano. A partir de 3º de BUP y COU es muy importante el acompañamiento personal, ya que entre la adolescencia y los primeros años de carrera cristalizan y se dan las opciones fundamentales y, en consecuencia, se encaminan los proyectos de vida. En estos años debe hacerse y surgir la propuesta de compromisos de por vida. El período de descubrimiento, interiorización y socialización de la vocación no debe precipitarse, pero tampoco alargarse indefinidamente, pues la

la opacidad de la historia y anticipa los valores escatológicos.

— Laico. «Ser hermano entre los hermanos», para que los valores del Reino alcancen a las estructuras familiares, culturales, sociales y políticas. El trabajo por el hombre nuevo se hace en actitud convergente con otros hombres, respetando la autonomía humana y, al mismo tiempo, desde las exigencias de la evangelización y los valores específicos del Reino.

2. *Condiciones básicas para el discernimiento vocacional.*

Todos los procesos educativos, catequéticos y pastorales deben dirigirse al objetivo final que es el compromiso vocacional. Hoy vivimos en una sociedad que presenta un modo de vivir que excluye e incapacita para el compromiso y se recrea en la ambigüedad y relativización total. Educar en el compromiso que comporta *reacción-permanencia y fidelidad* es algo que choca y cuesta. El compromiso cristiano «crea situación» y no es algo momentáneo y pasajero; por tanto, el compromiso es distinto de la ética profesional, la generosidad esporádica e incluso de la actitud de disponibilidad permanente que no llegue a concreciones de proyecto y acciones comprometidas.

Para poder iniciar el compromiso vocacional se necesitan dos condiciones de carácter educativo y ambiental:

Una motivación grande y fuerte que englobe y personalice toda la existencia del joven. Hablamos de sentirse cogido por dentro por la Buena Nueva del evangelio hecha conciencia compartida en grupo y contrastada constantemente con la realidad histórica. Sólo con esta energía, que también es mediación de gracia, se puede ir a contracorriente de muchas formas de vida deshumanizantes y vivir el gozo confiado en que la verdad no necesariamente pasa por la mayoría, sino que suele estar en la «inmensa minoría» de los que sueñan, cantan y luchan con talante utópico. Sólo una motivación potente y atractiva ayuda a mantener la tensión y superar el dramatismo que lleva consigo la existencia comprometida. No es posible sin comunidades referenciales y testigos-mártires que sostengan y animen; sólo desde ahí se puede invitar a los jóvenes a vivir gestos solidarios y acciones comprometidas que terminen en proyecto de vida.

La motivación anterior no se puede mantener desde cualquier estado de vida. Dejarse encontrar por Jesús y su proyecto supone haber optado previamente por el «no tener» como estilo de vida para superar la unidimensionalidad de la existencia y abrirse a lo trascendente y solidario.

La desposesión efectiva y afectiva pide grupos donde se comparta, no se capitalice y se crezca en austeridad para ser más sensibles al dolor y estar más prontos al servicio. Sin ascesis no hay purificación ni crecimiento, y tampoco puede haber amor verdadero ni justicia social.

Una vez superados los obstáculos anteriores, para poder discernir la propia vocación:

Hay que recuperar y plantearlo todo desde lo genuino y específico del amor cristiano: el agape. El misterio que contemplamos y que nos transforma es la sorprendente relación de Jesucristo con cada persona, con la historia humana, con la Iglesia, con el Reino. El amor de Dios revelado en Cristo Jesús es un amor primero, hasta el final y para siempre. Vivir de esta *vida* es lo único que da consistencia y estabilidad al afecto humano para que guiándose por lo poquito que· se haya descubierto cada día, y, a pesar de los pecados y limitaciones, fiarse de Aquel que llama y pide únicamente disponibilidad, porque Él es el que hace, y para Él «no hay nada imposible». Descubrir el amor y vivir desde él es un camino largo y difícil, pero es el único camino; no hay otro, y si no lo decimos así somos infieles a nuestra vocación más radical y profunda de personas bautizadas.

Segunda Parte

Orientaciones prácticas
y recursos pedagógicos

5. Todo lo que se dice en la entrevista personal entra en el terreno de la confidencialidad; de esta manera se asegura más fácilmente la apertura y confianza del orientado. Si se toma nota de algunos aspectos importantes o sugerentes, debe hacerse una vez concluida la entrevista. Las entrevistas únicamente se pueden grabar con permiso explícito del interesado. La confidencialidad no excluye la naturalidad y espontaneidad.

6. Cuando el orientador percibe dificultades en la comunicación, debe comenzar por examinar sus propias actitudes y disposiciones; después tratará de ver en qué medida las dificultades están en la persona orientada. El orientador estará muy atento a las primeras manifestaciones del sentimiento, a las expresiones en que el orientado aparezca en primera persona y a todos los aspectos confusos o contradictorios que reclaman más acogida que evaluación o interpretación racional.

7. La relación de ayuda no-directiva se centra en la persona y no en el saber del orientador o en el problema que se quiere resolver. A la persona sólo se accede desde la persona (experiencias, actitudes, motivaciones y dinamismos). No hay recetas prefabricadas, ni dos casos iguales, pues la persona es original e irrepetible. La mayor dificultad está en cómo llega la persona que consulta a sus propios sentimientos, cómo los conoce y asume, para poder intuir por dónde deben ir los cambios de comportamiento.

8. El orientador no debe tener prisa en que el orientado progrese; es necesario respetar el «ritmo» personal. Al orientador le corresponde el reflejo de todo lo que sucede y la facilitación de la toma de conciencia. A la persona que consulta le toca la difícil, pero irrenunciable tarea de evaluar y tomar las decisiones de cara al futuro. El orientador se implica totalmente en el proceso de ayuda, más que en la emisión de datos objetivos o de juicios de valor.

9. El adolescente y el joven tienen grandes dificultades en la comunicación interpersonal, pues sus ideas y sus sentimientos están confusos. El ambiente fragmentado, superficial, consumista y divergente aumenta la extraversión y la falta de identificación. El resultado final es la angustia. A pesar de todas estas limitaciones y dificultades, el joven debe ser tratado como adulto, es decir, con profunda confianza en sus posibilidades. Los cambios emocionales frecuentes y polarizados son los que dificultan en mayor medida la relación de ayuda.

10. El acompañamiento espiritual asume la relación de ayuda y se centra en la experiencia religiosa del sujeto que es acompañado. La experiencia cristiana es tal cuando es reconocida como proveniente de Dios revelado en Jesús como donación, misericordia y misterio. El humanismo cristiano pone en el ser humano, como imagen y semejanza de Dios, el deseo de búsqueda de sentido que unifique su persona y existencia. Este encuentro con Jesucristo aporta un «plus» de significado que hace que el ser humano se trascienda. La experiencia religiosa lleva a comportamientos éticos y a vivir desde el amor y la esperanza en actitud de disponibilidad vocacional.

2. La preocupación del orientador espiritual

Toda la pastoral de la Iglesia está orientada a la *conversión* como inicio del hombre nuevo, a la *eucaristía* como centro de la vida de la Iglesia y a los *proyectos vocacionales de vida* como estilo y estado de vida. En este contexto se sitúa el diálogo pastoral, tanto en su vertiente de relación de ayuda como de acompañamiento espiritual. Si uno y otro persiguen la madurez humana y el crecimiento espiritual, la persona entera ha de estar siempre presente, y el agente de pastoral procurará que todo lo que se diga en la entrevista pastoral se dé dentro de una relación interpersonal. Más allá de lo que se comunica

a descubrir lo que significa ser hijo de Dios y hermano de todo hombre. El creyente adulto se hace hombre de Dios y maestro en el Espíritu cuando concientiza su camino espiritual, lo siente como universalizable y dispone del «saber sapiencial» suficiente para ayudar a otros. El acompañamiento espiritual supone:

— Que el acompañante se sienta cauce de la vida de Dios, no su manantial.

— Entender la vida humana como el mayor misterio que nos revela a Dios y nos acerca a su proyecto salvador. Y esto no como ideología o ética, sino como vida en plenitud.

— Carisma, formación teológico-espiritual y ministerio eclesial. Se suscribe en la traducción de la Iglesia de servir a la acción espiritual de Dios en los creyentes.

— Iniciación a la oración, a los sacramentos, al sentido creyente, a la educación de la conciencia moral y al compromiso como vocación.

— Educar en el discernimiento cristiano: inclinaciones, actitudes, cualidades, mociones, etc. La acción de la gracia de Dios toma estos caminos profundamente afectivos, intuitivos y racionales.

— Haber vivido uno mismo el acompañamiento, pues sólo se puede acompañar el camino que uno ha recorrido.

4. Cómo proponer la relación de ayuda

1. Sólo se puede proponer aquello que tenga garantías de ser realizado de forma adecuada. Para proponer la relación de ayuda el acompañante debe disponer de preparación, tiempo y facilidad afectiva para este servicio pastoral.

2. Comentárselo brevemente a los posibles destinatarios, pues la mayoría apenas conocerá esta mediación educativa. Puede hacerse de forma directa o aprove-

chando otra actividad. El adolescente o el joven debe entender que se trata de un elemento importante y común en la formación cristiana.

3. Aprovechar los contactos ocasionales que se puedan tener debido a alguna necesidad concreta, problema o cualquier otra situación. El orientador debe ver cuál es la motivación básica que traen (desahogarse, simpatía, curiosidad, tanteo, interés, etc.) y así poderse situar mejor. Todos deben sentirse acogidos y ver la posibilidad de continuar de forma más estructurada.

4. El acompañante hará lo posible y pondrá los medios técnicos oportunos para facilitar la expresión personal y el diálogo fluido, tales como datos, preguntas, encuestas, redacción libre sobre temas o experiencias, cuestionarios, etc.

5. La continuidad dependerá de la libertad de los adolescentes y jóvenes, de cómo se hayan sentido y de la cercanía e intuición pedagógica del orientador. Todos deben sentirse invitados y cada uno podrá responder de forma distinta. La respuesta positiva que no surge en un momento puede aparecer en otro cuando menos se piensa.

5. Guión para analizar las entrevistas

1. *Para el orientador*:

— Actitudes que ha mantenido, especialmente las de acogida, aceptación incondicional, coherencia y empatía.

— Respuestas que ha dado, tanto verbales como no verbales. Se fijará si ha utilizado correctamente la respuesta reflejo como hilo conductor de la entrevista.

— Convergencia entre las intervenciones del orientador y del orientado. Analizar en qué medida el orientador ha facilitado el proceso con sus respuestas.

2. *Para el orientado*:

— La evolución que ha experimentado, tanto en los sentimientos como en la verbalización y en las pistas de solución.

— La personalización de lo comunicativo a través de la comunicación en primera persona.

— Mecanismos de defensa en expresiones, racionalizaciones, elucidaciones, rodeos, justificaciones, etc.

— Aceptación o rechazo de los sentimientos y experiencias personales.

— Cambios experimentados en la forma de percibir lo que pasa, su interpretación y la propuesta de soluciones (reestructuración).

— Elementos dinamizadores del cambio de comportamientos: cuáles son, a qué se orientan, cómo se mantienen, etc.

6. Instrumentos iniciales de apoyo[1]

1. *Cuestionario de frases incompletas.* Ayuda a conocer mejor las «zonas de conflicto». Las respuestas pueden ser de tres tipos:

— *Omisión.* Hay que ver qué se oculta detrás de la omisión: inseguridad, temor, problemas insuperables, etc.

— *Conflicto.* Indican desajuste de elementos en el campo afectivo y/o en el campo racional. Indicios de conflicto, pesimismo, agresividad, desagrado, olvidos, etc.

— *Positivas.* Respuestas llenas de esperanza, optimismo y positividad. Manifiestan que la persona tiene un marco de referencia sano y equilibrado. Algunas respuestas positivas pueden indicar conflictos. Ej: «Estoy completamente seguro en todas las cosas»; «Cuando me siento feliz soy mejor»; «No tengo miedo a nada ni a nadie».

---

[1] Cf J. M.ª MARTÍNEZ, *El educador y su función orientadora*, San Pío X, Madrid 1980, 239s.

Modo de evaluación:
* Valorar cada ítem independientemente de los demás y del conocimiento que se tenga de la persona. La puntuación es de 0-6.
* Los datos de edad, posición familiar, estado, nivel de estudio, etc., se tendrán presentes.
* Las frases que sean muy largas se califican con un punto más; con todo, la extensión no influirá en la clasificación de la respuesta.
* Sumar los puntos y hacer la gráfica; entre 95 y 115 están los sujetos con un ajuste personal y relacional positivo.
* Los items se clasificarán por criterios y se indicará la puntuación correspondiente. Criterios: necesidad de afecto, necesidad de personas, sumisión-agresividad, situación vocacional, sentimientos, etc.

FRASES INCOMPLETAS (ROTTER)-ADULTOS

Nombre ....
                    Edad .... *Estado* ....

Completa las siguientes frases expresando tus *sentimientos reales*. Trata de completar todas ellas. Procura que sean frases completas.

1. Me gusta ....
2. El tiempo más feliz ....
3. Quiero saber ....
4. Cuando vuelvo a casa ....
5. No me gusta ....
6. En la cama ....
7. Los hombres ....
8. El mejor ....
9. Me molesta ....
10. La gente ....
11. La madre....................................

163

12. Me siento ....
13. Mi mayor temor ....
14. En clase ....
15. Yo no puedo ....
16. Los deportes ....
17. Cuando era niño ....
18. Mis nervios ....
19. Los otros ....
20. Yo sufro ....
21. Me he equivocado ....
22. La lectura ....
23. Mi mente ....
24. El futuro ....
25. Necesito ....
26. El matrimonio ....
27. Yo soy mejor cuando ....
28. A veces ....
29. Lo que me duele ....
30. Odio ....
31. Este lugar ....
32. Yo soy muy ....
33. El único problema ....
34. Quisiera ....
35. Mi padre ....
36. Yo, secretamente ....
· 37. Yo ....
38. El baile ....
39. Mi principal preocupación es ....
40. Muchas mujeres ....

2. *Cuestionario de autorrevelación.* Este cuestionario
persigue tres objetivos: facilitar un instrumento de medida, descubrir las zonas de no-comunicación y sus causas,
y ser un medio que favorezca la comunicación.

Partes del cuestionario. Consta de seis grupos de items
referidos a las siguientes zonas de autorrevelación: actitudes y opiniones - gustos e intereses - trabajo - dinero - personalidad - cuerpo.

Instrucciones. Se lee cada ítem, se considera en qué medida se ha comunicado a alguien lo que se pregunta y se pone la valoración. La puntuación se hace de la siguiente manera:

0 — No he comunicado nada.
1 — He comunicado en términos generales.
2 — He comunicado con precisión y detalles.
X — He mentido o falseado lo que he comunicado.

CUESTIONARIO DE AUTORREVELACIÓN

The self-Disclosure Questionnaire (S. M. Jourard y P. Lasakow). Adaptación: José M.ª Martínez Beltrán

CUESTIONARIO:

Actitudes y opiniones:
1. Lo que pienso y siento sobre religión; mi punto de vista personal.
2. Mis opiniones y sentimientos sobre otros grupos religiosos distintos del mío: protestantes, católicos, ateos, etc.
3. Mis puntos de vista sobre el Comunismo.
4. Mi punto de vista sobre el Gobierno, el Rey, etc.
5. Mi punto de vista sobre educación, la igualdad de oportunidades, la gratuidad, etc.
6. Mi opinión sobre la bebida.
7. Mi opinión sobre la moralidad sexual: cómo pienso que yo y los demás deberíamos comportarnos en esta materia.
8. Mis criterios sobre la belleza y atracción de las mujeres; qué considero como atracción en la mujer.

---

9. Lo que considero como deseable en el hombre; cómo creo que debería ser.
10. Cómo siento que deberían actuar los padres con respecto a sus hijos.

GUSTOS E INTERESES:

1. Mis comidas favoritas, su preparación, los alimentos que no me gustan.
2. Mis bebidas favoritas y cuáles no me agradan.
3. Mis gustos y rechazos en cuestión de música.
4. Sobre mis lecturas preferidas.
5. Las películas que más me gustan; mis programas favoritos de TV.
6. Mis gustos en el vestir.
7. Sobre el estilo de la vivienda, muebles que más me gustan.
8. Las fiestas y reuniones sociales que más me gustan y las que más me aburren.
9. Mis formas preferidas de llenar el tiempo libre: leyendo, jugando a cartas, practicando un deporte, bailando, etc.
10. Sobre lo que más me gustaría en determinado momento.

TRABAJO:

1. Lo que creo son mis peores instancias y presiones en mi trabajo.
2. Sobre los aspectos más pesados y desagradables de mi trabajo.
3. Lo que más me agrada y satisface en mi trabajo actual.
4. Sobre las deficiencias y limitaciones que me impiden trabajar como quisiera y progresar en mi trabajo.

5. Lo que creo que son mis puntos fuertes y cualidades en mi trabajo.
6. Sobre mis sentimientos de ser apreciado por los otros en mi trabajo, v. gr. jefe, compañeros, esposa, etc.
7. Mis ambiciones y proyectos en mi trabajo.
8. Cómo me siento con el sueldo y estímulo por mi trabajo.
9. Cómo me siento por la elección de carrera o trabajo que he realizado —estoy o no satisfecho de esa elección.
10. Cómo me siento respecto a las personas para las que trabajo o con quienes trabajo.

DINERO:

1. Sobre el dinero que gano en mi trabajo.
2. Sobre si tengo o no suficiente dinero y cuánto.
3. Sobre mis deudas, préstamos, etc.
4. Si tengo o no ahorros y qué cantidad.
5. Sobre el dinero que otros me deben y qué cantidades.
6. Si juego o no dinero y en qué cantidades.
7. Sobre mis actuales fuentes de ingresos, sueldos, dividendos...
8. Mis haberes incluyendo bienes, propiedades, seguros, etc.
9. Sobre mis actuales y urgentes necesidades económicas, v. gr. cuentas pendientes, cantidades necesitadas...
10. Cómo presupuesto mi dinero; tanto por ciento que dedico a cosas necesarias, diversiones, etc.

PERSONALIDAD:

1. Aspectos de mi personalidad que no me gustan, me preocupan, o los considero como limitación.
2. Sobre sentimientos, si los tengo, qué tengo dificultad en expresar y controlar.
3. Sobre hechos de mi vida sexual actual, incluyendo mi propia gratificación sexual; problemas que pudiera tener; si tengo relaciones con alguien.
4. Si creo o no que soy atractivo para el otro sexo; mis problemas, si los hay, respecto a recibir atención favorable de alguna persona de otro sexo.
5. Cosas del pasado de las que me siento preocupado, avergonzado, o culpable.
6. Sobre algunas cosas que me ponen furioso.
7. Sobre lo que me hace sentir deprimido y tristón.
8. Lo que me hace sentir preocupado, ansioso, con temor.
9. Lo que hiere profundamente mis sentimientos.
10. Sobre aquellas cosas que me hacen sentir orgulloso de mí mismo, jubiloso, lleno de autoestima y autorrespeto.

CUERPO:

1. Mis sentimientos sobre el aspecto de mi cara —cosas que no me gustan o podrían gustarme sobre mi cara, nariz, ojos, cabello, etc.
2. Cómo desearía que fuera mi aspecto: mi ideal sobre mi aspecto en general.
3. Mis sentimientos sobre las diferentes partes de mi cuerpo, piernas, caderas, busto...

4. Preocupaciones y problemas que he tenido en el pasado respecto a mi aspecto físico.
5. Si tengo o no algún problema de salud —problemas de insomnio, digestión, desarreglos femeninos, alergias, etc.
6. Si tengo preocupaciones duraderas concernientes a mi salud, v. gr. cáncer, úlceras, problemas de corazón...
7. Mi historial clínico sobre enfermedades y tratamiento.
8. Si trato en la actualidad de mantenerme en forma, fuerte y atractivo.
9. Sobre mis datos físicos —peso, altura, talle, etc.
10. Mis sentimientos sobre mi ajuste de comportamientos sexuales —si me siento hábil en la relación sexual.

Datos: EDAD: .... años. SEXO: ❏ Hombre ❏ Mujer ESTADO CIVIL: ❏ Casado ❏ Soltero ❏ Religioso(a) ❏ Sacerdote TRABAJO QUE REALIZA: .... PERTENENCIA A GRUPOS DE FE: ❏ Sí ❏ No ES LA PRIMERA VEZ QUE REALIZA UNA RELACIÓN DE AYUDA: ❏ Sí ❏ No

Cuestionario de Autorrevelación

Item n.°:

Actitudes Opiniones	Madre	Padre	Amigo	Amiga	Pareja	Psicólogo	Profesor	Confesor
1								
2								
3								
4								
5								
6								
7								
8								
9								
10								
Total:								
Gustos Intereses								
1								
2								
3								
4								
5								
6								
7								
8								
9								
10								
Total:								
Trabajo								
1								
2								
3								
4								
5								
6								
7								
8								
9								
10								
Total:								

Hoja de respuestas

Item n.º:

Dinero	*Madre*	*Padre*	*Amigo*	*Amiga*	*Pareja*	*Psicólogo*	*Profesor*	*Confesor*
1								
2								
3								
4								
5								
6								
7								
8								
9								
10								
Total:								
Personalidad								
1								
2								
3								
4								
5								
6								
7								
8								
9								
10								
Total:								
Cuerpo								
1								
2								
3								
4								
5								
6								
7								
8								
9								
10								
Total:								

3. *Indicaciones para el análisis de actitudes por el tipo de respuestas.* Las respuestas que el orientador va dando en la entrevista buscan una finalidad terapéutica, es decir, ayudar al interlocutor. Los tipos de respuestas son las siguientes: de interrogación, de solución, de interpretación, de apoyo, de evaluación y de reflejo.

Los objetivos que permite este análisis consisten en ayudar al orientador a:

— Analizar de forma práctica los diferentes tipos de respuesta.

— Descubrir el talante relacional que tiene y facilitar su mejora.

— Potenciar la actitud de «escucha activa» respecto de los mensajes, sentimientos y hechos que el interlocutor comunica.

— Profundizar la respuesta reflejo, tanto en su expresión verbal como afectiva, y facilitar de este modo la acogida y la comprensión de lo que el orientado comunica y siente.

Pasos metodológicos:

1. Seleccionar un caso y las respuestas que se han dado.

2. Elegir la respuesta que se crea mejor y clarificarla con I (interrogación), E (evaluación) y R (reflejo).

3. Explicar brevemente el porqué de esta elección.

4. Ver qué tipo de respuestas predominan en mi persona como orientador.

5. Re-clasificación de las respuestas teniendo en cuenta los efectos que puedan desencadenar en el interlocutor, es decir, la reacción que este tendría.

A modo de ejercicio valdrían cualquiera de los casos que José M.ª Martínez cita en su libro *El educador y su función orientadora*, 219-254.

POSIBLES REACCIONES ANTE LAS DISTINTAS RESPUESTAS

	CASO N.º 1					CASO N.º 2					CASO N.º 3					CASO N.º 4					CASO N.º 5				
	R1	R2	R3	R4	R5	R1	R2	R3	R4	R5	R1	R2	R3	R4	R5	R1	R2	R3	R4	R5	R1	R2	R3	R4	R5
1. Da seguridad																									
2. Provoca dinamismo																									
3. Bloquea la expresión																									
4. Produce la ansiedad																									
5. Culpabiliza																									
6. No la acepta																									
7. Se centra en el Cliente																									
8. Se centra en el Problema																									
9. Se centra en el Orientador																									
10. Denota comprensión																									
11. Es superficial																									
12. Produce desconcierto																									
13. Favorece la atención del Cliente																									
14. Favorece la dependencia																									
15. Rompe las defensas																									
16. Mueve la interiorización																									
17. Ayuda la expresión																									
18. Parece respuesta técnica																									
19. Despersonaliza																									
20. Muestra empatía																									

7. Itinerario de la madurez humana y espiritual

Rasgos de la madurez humana

1. *Aceptación de sí mismo.* Implica la aceptación de la propia historia y de los demás con sus cualidades y defectos. La persona conoce sus cualidades y sus limitaciones, no los disimula y hace lo posible por crecer. Tiene imagen positiva de sí mismo.

2. *Sentido de la realidad.* Hay realismo en la percepción de los problemas y en la búsqueda de soluciones. La repercusión afectiva de los problemas no desvirtúa la objetividad de los mismos. Esto lleva a la persona a adaptarse a nuevas situaciones.

3. *Autocontrol emocional.* Valoración positiva de los sentimientos y su importancia en la vida. Ni los reprime ni se deja llevar de ellos. El autocontrol emocional lleva a asumir de forma apropiada las frustraciones y a vivir con paz y alegría.

4. *Afectividad madura.* Consiste en la capacidad de compartir lo que se es, tiene y hace. Adulto es el que sabe dar y recibir, amar y ser amado. La afectividad oblativa implica la relación interpersonal teñida de cariño, la exclusión de cualquier cosificación y la capacidad de ponerse en lugar del otro.

5. *Capacidad de encarnar ideales.* Para ello hay que prescindir de metas inmediatas, abrirse a la esperanza y constancia y trabajar solidariamente. Los ideales tienen que interiorizarse y encarnarse, para ser reales y dinámicos. Los ideales auténticos humanizan a la persona y desarrollan la solidaridad entre las gentes.

6. *Integración de la sexualidad.* Parte de la superación de la genitalidad y de las relaciones cosificadoras. La

sexualidad encuentra su sentido cuando se vive con toda la persona, al servicio del amor y como proyecto de vida[1].

Interrogantes básicas para la personalización

1. *Historia personal*

— Repasar la propia historia señalando lo más significativo, tanto positivo como negativo (acontecimientos, personas, situaciones, hechos...).

— ¿Cuáles han sido los «sueños» más frecuentes? (Nos gustaría que hubieran pasado).

— ¿En qué aspectos de mi vida hay choque entre lo ideal y lo real?

— ¿Qué sentimiento se produce dentro de mí cuando pienso en el futuro? ¿El futuro para mí es cuestión de deseos o de felicidad?

— ¿Cuál es el horizonte de sentido que tiene mi vida?

Textos: Sab 7,1-14; Éx 32-33; Is 55; Mt 10,46-50; Lc 13,1-21; Mt 11,1-19; Lc 24,13-35.

2. *Identidad personal*

— Repasar cómo y dónde transcurre la vida de cada día: personas, lugares, relaciones, etc. ¿Qué sentimiento me producen?

— Enumerar las principales cualidades, defectos y problemas no resueltos que tengo en el momento presente.

— ¿A qué te sientes unido afectivamente? (Lo que te coge el corazón aunque te cueste).

— ¿Qué cosas te producen sentimiento de culpa? ¿Cómo das salida a la culpabilidad?

— Ante los conflictos y dificultades que se te van presentando, ¿cómo reaccionas?

---

[1] Cf J. B. GROESCHEL, *Crecimiento espiritual y madurez psicológica*, Sociedad de Educación Atenas, Madrid 1983, 109ss.

— ¿Qué sentimiento o sensación te produce la imagen de Dios y lo relacionado con lo religioso? ¿Cómo ha evolucionado tu relación con Dios?

Textos: Sal 23 (22); Sal 139 (138); Qo 3,1-15; Jer 1; Lc 15; Mt 4,1-11; 1Jn; 1Cor 13.

3. *Sentido de la vida*

— ¿Cómo sientes el pasado en esta etapa de tu vida? ¿Lo asumes? ¿Hay algo que te pesa ahora?
— ¿Cuál es tu nivel de optimismo, alegría y confianza existencial?
— En el vivir de cada día: ¿arriesgas, pasas, cumples, sueñas...?
— ¿Qué experiencias vividas han sido las más positivas para ti? ¿Qué horizontes nuevos te han descubierto?
— Las experiencias de dolor, culpabilidad y mal que has tenido, ¿te han ayudado? ¿Has visto su lado positivo?
— ¿La experiencia religiosa que vives da sentido a tu vida? Expresa brevemente en qué consiste.

Textos: Sal 90 (89); 1Sam 3; Jn 1,35-51; Jn 4; Lc 1,26-38; Ef 1.

Itinerario de la madurez espiritual

Paso inicial: el despertar espiritual. Se produce como fruto de alguna experiencia o experiencias de la realidad trascendente. Es el paso a vivir de la fe, la confianza y el asombro. La persona es consciente de que no es una autosugestión.

Primera etapa: la purificación. La vivencia anterior ayuda a disciplinar los deseos, ordenar las actividades y purificar las actitudes. La ilusión que conlleva esta vida nueva choca con las dificultades de querer y no poder y la incomprensión de los demás. Al principio el creyente quiere resolverlo con la razón y la voluntad, que se manifiestan insuficientes; después suele recibir la gracia de Dios que le ilumina y ayuda. Al final de esta etapa se siente una «presencia» cercana, cariñosa y fuerte al mismo tiempo, como sustento y sentido de la vida.

Segunda etapa: la iluminación. La vida espiritual abre un horizonte insospechado que, al mismo tiempo que atrae profundamente, suscita la duda de que por ese camino se pierde la autonomía y se desdibuja la propia personalidad. Es el caso del joven rico del evangelio (Mt 19) y de san Agustín, a quien los vicios de su pasado le gritaban: «Tú nunca más podrás tenernos. ¿Podrás vivir sin nosotros?». Poco a poco el amor de Dios, la persona de Jesús, la fuerza del Espíritu ayudan a superar el egoísmo; la culpabilidad psicológica es sustituida por el dolor de corazón y el arrepentimiento. La mente busca conocer más, el corazón ama mejor y la persona busca el silencio y la «oración de quietud». En este momento aparecen dos inclinaciones en el corazón del creyente: el deseo de entregarse a los más necesitados y una oración querida.

De repente y sin saber cómo ni por qué, todo se eclipsa, surge un sentimiento de sequedad y el yo instintivo reclama satisfacciones sensibles e inmediatas. Las personas así probadas sienten que hacen bien a los demás, pero su corazón está seco y sin alegría. Es el momento de permanecer fiel a las obligaciones y de dar un sí a Dios, sencillo y desnudo de consuelos. Así se está dispuesto a recibir la gracia para vivir en el amor de unión.

Tercera etapa: la unión con Dios. No suele presentarse de forma espectacular, sino como «el sol de mediodía en cielo despejado». Este estado de gozo en el amor es tranquilo y absorbente al mismo tiempo. Sin el camino de gracia y purificación descrito brevemente en los apartados anteriores nos «aburriríamos como los niños con la gran música».

El cuadro que viene a continuación esquematiza este camino espiritual.

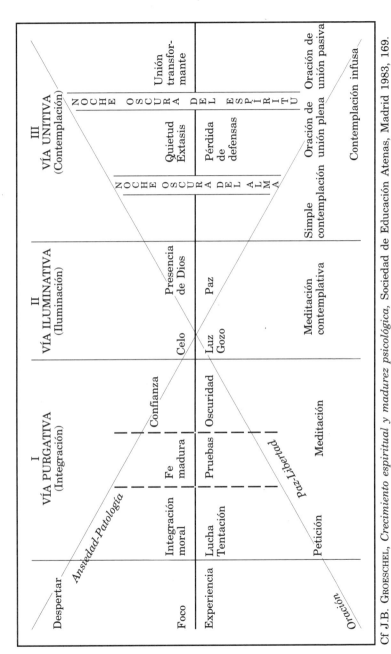

Cf J.B. GROESCHEL, *Crecimiento espiritual y madurez psicológica*, Sociedad de Educación Atenas, Madrid 1983, 169.

8. Indicadores para el acompañamiento

Una de las mayores dificultades para conseguir mejorar los comportamientos y fortalecer las actitudes positivas está en descubrir los cómos o pasos intermedios que me lleven de la situación en que estoy a la meta que quiero alcanzar. Si cada uno de los grandes aspectos de la vida creyente estuviera secuenciado sería mucho más fácil saber dónde nos encontramos, qué pasos hemos dado y cuáles nos quedan todavía por recorrer.

No se trata de temas que se pueden saber más o menos, entender mejor o peor, sino de interiorización de actitudes y de la influencia de estas en los comportamientos humanos y cristianos de cada día.

Para el acompañamiento espiritual hemos seleccionado los siguientes aspectos:

1. Rasgos de madurez
2. Centros de interés
3. Estilo de vida
4. Relación fe-vida
5. Relación fe-cultura
6. Imagen de Dios - experiencia de Dios
7. Cómo se conjuga lo personal y lo comunitario
8. Actitud de disponibilidad
9. Pasos en la maduración del grupo
10. Educación de la afectividad-sexualidad
11. Presencia-compromiso
12. Práctica y vivencia de los sacramentos
13. Proyecto de vida
14. Valores vocacionales específicos
15. Dificultades que aparecen en cada etapa.

Los indicadores que secuencializan cada uno de estos grandes temas se ofrecen a modo de ejemplo. Sin duda alguna, tendrían que perfilarse mucho más las expresiones y adaptar éstas a la edad y situación espiritual de cada persona o grupo.

1. Rasgos de personalidad

1. Inmadurez

— Reclamo atenciones y cariño constantemente.
— Utilizo a las personas para mis intereses.
— Mis pequeños problemas polarizan mi atención.
— No soy capaz de decidir casi nada por mí mismo.
— Me dejo llevar por el ambiente, la moda y el qué dirán.
— Reacciono de forma desproporcionada ante los acontecimientos.
— Mi estado anímico cambia constantemente y sin motivo.
— Identifico lo sexual con lo genital.

2. Madurez

— Estoy atento a los otros, les presto atención y les doy cariño.
— Procuro relacionarme de persona a persona.
— Aunque me cueste, procuro comprender los problemas de los demás y ponerme en su lugar.
— Reconozco y asumo mis limitaciones, defectos y fallos.
— Voy teniendo criterios propios aunque difieran de los criterios de los demás.
— Me esfuerzo por controlar las emociones y evito los estados extremos.
— Estoy convencido que lo sexual debe vivirse con toda la persona y como expresión del amor.

2. Centros de interés

— Lo que más busco son diversiones y entretenimientos.
— Verme rodeado de todas las cosas que deseo.

— Sentirme acompañado de personas.
— Puedo hacer todas las actividades que me gustan.
— Formo parte de un grupo de amigos.
— Me siento muy atraído por todo lo referente al sexo.
— Procuro no complicarme la vida.
— Tengo muchos hobbies que ocupan todo mi tiempo.
— Voy cayendo en la cuenta que hay que comprometerse en algo que merezca la pena.
— Cada vez más me preocupa lo que sucede en la sociedad y trato de analizar los porqués.
— Los más necesitados me preocupan e interrogan.
— Me planteo el futuro: qué quiero ser y cómo voy a vivir.
— Me ilusiona la persona de Jesús y su evangelio.
— Quisiera en todos los aspectos de mi vida hacer la voluntad de Dios y construir el Reino.

3. *Estilo de vida*

— En mi vida predominan las sensaciones placenteras.
— Busco casi siempre mis intereses.
— En casi todas las cosas me acomodo al ambiente y la moda.
— Soy calculador para conseguir lo que quiero, al margen de los demás si es necesario.
— En el futuro me vería feliz si tuviera posición, dinero y seguridad.
— Algunas veces pienso que sólo sería feliz si los demás también lo fueran.
— En mi estilo de vida cuentan los otros.
— Me ilusiona un estilo de vida donde se compartiera lo que uno es y tiene.
— Pienso que el luchar por evitar las injusticias

y mejorar la sociedad podría definir mi vida.

— Las misiones y el ayudar en países del tercer mundo puede ser lo que defina mi futuro.
— Que Dios es padre y los hombres somos hermanos es lo que llena más mi corazón.
— Estoy disponible para lo que Dios me llame: laico, sacerdote o religioso.

4. *Relación fe-vida*

— La fe en Dios es sólo una parte de mi vida.
— Para mí la fe es sobre todo prohibiciones.
— Creer en Dios es principalmente ir a misa los domingos.
— La fe en Jesucristo me interpela.
— La fe cristiana me empuja a buscar constantemente el significado de las cosas.
— El grupo cristiano me ayuda a profundizar la fe.
— La fe me lleva a hablar frecuentemente con Dios.
— A medida que soy más creyente, me preocupo más por las cosas: estudios, relaciones, compromisos, etc.
— El creyente vive como tal las veinticuatro horas del día.
— Soy cristiano y así se lo manifiesto a mis amigos.
— Soy cristiano y lo manifiesto en ambientes como las clases, el trabajo, las diversiones, en las vacaciones, etc.
— La fe me va llevando a descubrir con más profundidad el sentido de la vida y de la historia.
— Jesucristo está en el centro de mi vida e influye en todas las decisiones importantes.
— La fe me ayuda a discernir qué voy a estudiar, cómo quiero vivir, qué voy a hacer con mi tiempo, dinero, etc.

— Estaría dispuesto a dar mi vida por testimoniar los valores del evangelio.

5. *Relación fe-cultura*

— El mundo actual es muy poco creyente.
— En la sociedad que vivimos hay pocos creyentes.
— La ciencia te lleva a creer menos en Dios.
— Casi no se necesita a Dios para resolver los problemas.
— La religión es cosa del pasado y de mujeres mayores.
— Mis creencias se sostienen en mis padres y en las clases de formación religiosa.
— Creo que en la base del mundo occidental europeo está el cristianismo.
— La fe y la cultura pueden dialogar para enriquecerse mutuamente.
— Creo que el cristianismo puede iluminar e inspirar la cultura, la política, la economía, etc.
— A medida que me siento más cristiano, también me siento más humano.
— Jesús de Nazaret es el mejor y más pleno modo de ser persona.
— La Iglesia me ayuda a ser mejor persona.
— La fe cristiana es la que compromete más con los pobres.

6. *Imagen-experiencia de Dios*

— Siento a Dios como juez que premia o castiga según las obras.
— Recurro a Dios cuando me siento culpable.
— Dios es para mí el Ser Supremo que todo lo dirige, pero no le siento en mi vida.
— Dios es, sobre todo, creador, todopoderoso, sabio, eterno, etc.

- Recurro a Dios en los momentos de sufrimiento, desgracia o necesidad.
- Siento a Dios como amigo, padre, hermano, salvador que me escucha, comprende y perdona.
- Al relacionarme personalmente con Dios, siento asombro, pues aparece como cercano y trascendente al mismo tiempo.
- Dios me llama constantemente a la conversión: superación de todo egoísmo y apertura al amor.
- En la oración reflexiono sobre textos y sobre las cosas que tengo que hacer.
- Me maravilla el rostro de Dios revelado en Jesucristo.
- Creer y seguir a Jesucristo me ayuda a encontrarme cada vez más cerca de Dios y de los demás.
- La fe en Jesucristo me lleva a amar incluso a los enemigos de manera incondicional.
- El Dios cristiano se encuentra en las relaciones humanas y el caminar histórico cuando se viven desde los valores del reino de Dios.
- Mi oración tiene bastantes momentos de silencio y escucha.
- Jesucristo muerto y resucitado es la cercanía de Dios a los más pobres, que mantiene la esperanza y el compromiso por mejorar el mundo.
- Mi fe en Dios me lleva a estar disponible a lo que Dios quiere expresado a través de las necesidades humanas.
- Mi oración es de contemplación, alabanza y adoración.

7. *Cómo se conjuga lo personal y lo comunitario*

- En mi vida predomina lo individual.
- No veo la necesidad de lo comunitario.

- El grupo me ayuda a sentirme bien, es decir, acogido y querido.
- Me parece que lo comunitario es un elemento constitutivo de lo personal.
- El grupo me ayuda mucho en formación y relaciones.
- En mi grupo respetamos el ritmo de cada persona.
- Acepto y procuro ser amable con los que me caen bien.
- En el grupo de catequesis sentimos que es Jesucristo quien nos reúne.
- Tengo la confianza suficiente como para discrepar de los otros, sin necesidad de dejar de ser su amigo.
- Admito que el grupo sea el lugar donde confronto mis opiniones, actitudes y comportamientos.
- Los demás se enriquecen cuando yo doy todo lo que puedo de mí mismo.
- A veces hago esfuerzos porque el grupo mejore.
- Las decisiones importantes en la vida son personales, aunque los demás me ayudan a clarificarme.
- Comparto mi vida con alguien que me ayuda a descubrir e integrar muchas cosas y a avanzar en todos los aspectos humanos y cristianos.
- Me siento más feliz a medida que soy más social y comunitario.

8. *Actitud de disponibilidad*

- No suelo estar disponible; hago lo que quiero.
- Sólo en contadas ocasiones accedo a lo que me piden.
- Soy una persona colaboradora con los amigos y con los que me ayudan a mí.

— Cumplo estrictamente con mis obligaciones.
— Me gustaría ayudar a otros, aunque estén lejanos.
— Sobre todo me siento en disposición de ayudar a los más necesitados.
— Antes de hacer esto o aquello, tengo que darme cuenta de lo que se necesita.
— Asumo responsabilidades que no estaban programadas.
— Cuando eres una persona muy disponible la vida te puede llevar por caminos insospechados.
— Intuyo que la disponibilidad y la realización personal están muy relacionadas.
— La actitud de servicio es propia de los creyentes maduros.
— Deseo prestar servicios de forma gratuita.
— Quiero discernir bien las grandes opciones de mi vida: estudio, trabajo, estilo y estado de vida.
— Me pregunto con frecuencia: cómo y dónde serviré más y mejor a los necesitados.
— Estoy haciendo el proyecto de vida desde la clave de disponibilidad.

9. *Pasos en la maduración del grupo*

— Tengo amiguetes para el deporte, el juego y la diversión.
— A mi pandilla de amigos me une la edad, la cercanía y la simpatía.
— En el grupo de catequesis nos sentimos convocados aunque algunos no seamos amigos.
— Aunque me cuesta comunicarme, procuro relacionarme con los que no conozco.
— Me estoy dando cuenta de que los grupos no vienen dados, sino que se hacen entre todos sus componentes.
— El grupo formado por cristianos tiene caracte-

rísticas propias que le distinguen de otros grupos.

— Procuro llevar mi vida al grupo.
— El grupo al que pertenezco orienta mi vida.
— El animador del grupo es importante y nos ayuda a todos a clarificarnos y a interiorizar la fe.
— Mi grupo de fe me ayuda a amar más a la Iglesia y a preocuparme por lo que pasa en el mundo.
— Tenemos un proyecto de grupo.
— Conozco otros grupos más grandes que están dando pasos hacia la comunidad.
— La meta de nuestro grupo es ser comunidad.
— El grupo en el que estoy me ayuda a hacer el proyecto personal.
— En mis planes entra compartir casa, bienes, oración, tiempo y compromiso con otras personas.

10. *Educación de la afectividad-sexualidad*

— No sabía que tenía que educar la afectividad-sexualidad.
— Siento curiosidad por estos temas.
— Me preocupa la forma actual de vivir la sexualidad.
— Los datos que tengo sobre este tema son contradictorios; estoy confuso.
— Vivo una sexualidad egocéntrica (masturbación).
— Tengo dificultades para relacionarme con personas del otro sexo.
— Me «enrollo» con otras personas buscando sobre todo sensaciones y genitalidad.
— Vivo con dependencias afectivas de otras personas.
— La persona a la que quiero la considero como de dominio propio y le impido ser libre.

- Me doy cuenta de que la forma de vivir la sexualidad influye en otros aspectos de la vida.
- Sin ternura, cariño y amor, la sexualidad deshumaniza.
- Creo que el noviazgo sirve para conocerse, intercambiar puntos de vista y ayudarse a madurar.
- Las parejas van bien cuando poco a poco hacen un proyecto de vida donde se quiere compartir todo y para siempre.
- Necesito clarificar mis comportamientos sexuales a través de un diálogo con alguien que me pueda orientar.
- Intuyo que la sexualidad humana tiene mucho que ver con el amor de entrega, fidelidad y oblatividad.
- El celibato es también una forma valiosa de amar y de vivir la sexualidad; acentúa la disponibilidad y el servicio a todos.
- Siento que en el momento actual tengo que armonizar la sexualidad, la afectividad, lo comunitario y la solidaridad.
- Algún día haré un proyecto de vida donde la sexualidad esté integrada de una manera vocacional.

11. *Presencia-compromiso*

- Pienso que lo que pasa en el mundo es normal y siempre ha sido así.
- Las cosas que suceden no se pueden cambiar, pues dependen de estructuras y poderes importantes.
- Creo que la solución a los problemas sociales está en que cada uno sea bueno individualmente.
- Me duele y siento indignación por las injusticias que hay en el mundo.

— Me compadezco de los que lo pasan mal y deseo hacer algo por ellos.
— Antes que nada tengo que analizar por qué pasan las cosas.
— Si estuviera más metido en los problemas y en los compromisos comprendería mejor lo que pasa.
— Yo también tengo parte de responsabilidad por las injusticias.
— La persona de Jesús y su evangelio iluminan y transforman la realidad.
— Sé que con otros es como se puede cambiar lo que está mal.
— Los cambios empiezan por llevar un estilo de vida más austero y solidario.
— Voy a procurar transmitir a otros mis preocupaciones.
— Tengo que asumir acciones y medios concretos.
— No se trata sólo de hacer, sino de que toda mi vida sea un compromiso transformador de la realidad.
— Me siento más feliz estando muy comprometido.

12. *Vivencia sacramental*

— Participo esporádicamente en la eucaristía.
— Entiendo la misa dominical como rito y obligación.
— Cumplo con el precepto asistiendo pasivamente.
— Si algún domingo no estoy motivado no participo.
— Además de la eucaristía me confieso en alguna situación especial.
— Asisto a los sacramentos, pero casi nunca rezo personalmente.
— Me gustan las celebraciones donde estamos los amigos porque son muy festivas.

— Voy comprendiendo el sacramento como encuentro personal con Cristo.
— Al participar de los sacramentos me siento más unido a toda la Iglesia.
— Para poder participar bien en los sacramentos me preparo.
— Preparo con otros las celebraciones sacramentales.
— Los sacramentos me ayudan a mantener el aspecto dialogal y comunitario de la fe.
— En las convivencias cristianas valoro mucho la celebración del perdón y la eucaristía.
— Los sacramentos se insertan en mi vida; tienen preparación, celebración y compromisos posteriores.
— También entre semana participo alguna vez en la eucaristía.
— La reconciliación y la eucaristía son centrales en la vida cristiana y los recibo con frecuencia.
— Al celebrar los sacramentos siento que se actualiza la pascua de Cristo y se anticipa el reino de Dios.
— La celebración de la eucaristía está muy unida al trabajo por la justicia.

13. *Proyecto de vida*

— No hago proyectos y vivo al día.
— El ambiente que me rodea es lo que influye más.
— Siento que el tiempo y las oportunidades se me escapan por falta de programación.
— El modo de vivir influye en mi modo de pensar.
— Tengo un horario para sacar rendimiento al tiempo.
— A veces quiero caminar en una dirección, pero no puedo; me faltan fuerzas y ganas.
— Intuyo que la vida debe tener un valor central que oriente todo lo demás.

— Conozco mis limitaciones y sé que, si no programo, no haré lo que me he propuesto.
— Necesito que otros me ayuden a cumplir el proyecto.
— Necesito revisar con alguien el proyecto de vida para que me oriente.
— Lo importante es descubrir lo que Dios quiere de mí.
— El proyecto me ayuda a superar muchas incoherencias, limitaciones y fallos.
— El horario dio paso al proyecto y el proyecto dará paso a la opción vocacional.
— Con absoluta disponibilidad quiero plantearme la vocación de laico, presbítero y religioso.
— Al proyecto vocacional de vida llegaré después de un encuentro de discernimiento.

14. *Valores específicos*

1. *Descubro estos valores*
— La vida es un don de Dios que pide respuesta.
— La fe es un modo de entender la vida humana en su totalidad.
— La Iglesia necesita vocaciones de especial consagración para que enseñen, orienten y santifiquen al pueblo de Dios.
— Dios llama personalmente a cada uno.
— La persona llega a plenitud si descubre y realiza su vocación.
— La gracia de la vocación llega a través de las mediaciones eclesiales.

2. *Me adhiero a la llamada vocacional*
— Estoy inquieto y busco.
— Me interrogo: ¿qué más puedo hacer?
— Todo empieza por una atracción que me enamora y seduce.
— Tengo que estar preparado para este momento: procuro superar los egoísmos y abrirme a lo que Dios quiera.

— El compartir con creyentes que viven con gozo su vocación me ayuda a encontrar la mía.

3. *Tomo opciones iniciales*
   — Las grandes opciones están precedidas de otras más sencillas.
   — El creyente tiene una opción central —Dios y su reino— que orienta todas las demás.
   — Quiero discernir mi vocación sin engaños.
   — Hasta que no experimente la vocación a que me siento llamado no sabré del todo si esa es la voluntad de Dios.
   — Necesito la ayuda del acompañamiento para discernir la vocación.

15. *Algunas dificultades que aparecen en cada etapa*

1. *Preadolescencia*
   — Vivo la fe como algo heredado de la familia y cultivado en la escuela y la parroquia.
   — Los sacramentos los entiendo como ritos y obligaciones culturales.
   — El ambiente que me rodea no facilita la apertura sana a la vida.

2. *Adolescencia*
   — Entiendo la religión como normas que reprimen la necesidad de libertad y autonomía.
   — Dejo la práctica religiosa y me refugio en una fe totalmente psicológica y subjetiva.
   — El ambiente consumista y evasivo me impide descubrir los valores humanos y religiosos.

3. *Juventud*
   — El pragmatismo me impide ocuparme de aquello que no sea inmediato.
   — Relativizo la revelación de Dios reduciéndola a mis ideales o proyectos.

— La fe no es el centro de mi vida ni engloba todas las facetas de la misma.
— Me acomodo a la sociedad de consumo desde una fe sociológica e individualista.
— No asumo la vida como vocación de absoluta disponibilidad a la voluntad de Dios y su reino.

9.   Cómo acompañar el discernimiento vocacional

En el cuadro adjunto se plantea de forma global, coherente y progresiva cómo se puede plantear la pastoral vocacional en la pastoral juvenil, que a su vez debe ser toda ella vocacional.

Al tratar el proyecto vocaciones de vida, el acompañante espiritual tendrá presente:
— El «momento» de maduración en la fe en que se encuentra el joven.
— Qué valores vocacionales necesitaría descubrir en ese momento.
— Los indicadores que se podrían trabajar más en la entrevista personal.
— Las dificultades inherentes a la adhesión afectiva a la llamada y a la toma de decisiones.
— La relación entre afectividad, sexualidad y proyecto de vida.
— Pistas para la oración, lectura y reflexión personal.
— Preparación para encuentros y experiencias vocacionales.

El cuadro que se ofrece ayuda a situar la labor propia del acompañamiento vocacional en un contexto más amplio en el cual el hilo conductor es doble: ayudar a que el catecúmeno se sienta «alcanzado» por Jesús y su proyecto, y la actitud subsiguiente de disponibilidad a la voluntad de Dios.

PROYECTO DE PASTORAL VOCACIONAL

OBJETIVOS NIVELES	DESCUBRIMIENTO DE LOS VALORES VOCACIONALES	ADHESIÓN PROGRESIVA A LA LLAMADA	OPCIÓN E INCORPORACIÓN INICIALES
PUNTO DE PARTIDA	Plataformas: P. Juvenil, Movimientos, Jornadas, etc.	Convocatoria específica a los "vocacionales"	Encuentro específico para quienes llegan de la etapa anterior
FASES	— Fe como seguimiento de Cristo y sentido eclesial — Valor de los carismas y ministerios	— Inquietos — En búsqueda — Atraídos	— Apertura a la opción — Profundización de discernimiento — Opción concreta — Incorporación inicial
CONTENIDOS	Catequesis sobre ministerios y carismas	Aspectos vivenciales del descubrimiento de la vocación: — Nivel psicológico — Nivel espiritual	— Vocaciones específicas — Relación con centros y personas en formación
ENTREVISTA PERSONAL (INDICADORES)	— Rasgos de madurez — Centros de interés — Estilo de vida — Imagen de Dios — Personal comunitario	— Relación fe-vida — Experiencia de Dios — Grupo y proyecto de vida — Sexualidad — Presencia-compromiso	— Actitud de disponibilidad — Afectividad-sexualidad — Proyecto de vida — Valores vocacionales específicos
DISCERNIMIENTO	La vida cristiana como vocación en proyectos concretos	Sentirse "alcanzado": atractivo, desconcierto, llamada interior	Discernir el cómo, el dónde, el cuándo y el porqué de la respuesta concreta

PROYECTO DE PASTORAL VOCACIONAL *(cont.)*

OBJETIVOS NIVELES	DESCUBRIMIENTO DE LOS VALORES VOCACIONALES	ADHESIÓN PROGRESIVA A LA LLAMADA	OPCIÓN E INCORPORACIÓN INICIALES
AFECTIVIDAD Y COMUNIDAD	— AGAPE como amor fraternal y universal — COMUNIDAD como sacramento de salvación	AMOR Y COMUNIDAD (concreciones) — Celibato por el Reino — Matrimonio — Misiones	— Opción específica — Proyecto concreto — Obras y misterios en que se vive
DIFICULTADES	— La fe como un compartimento más de la persona — La fe como "mínimos" para salvarse	— Adhesión externa, optativa, intelectual, moral o social	— Aplazar la respuesta indefinidamente — Opción temporal
MEDIOS Y SERVICIOS	— Materiales — Lecturas — Audio-visuales — Jornadas — Testimonios — Actividades	— Grupos vocacionales — Convivencias vocacionales — Formación de animadores — Diálogo personal	— Lecturas específicas — Convivencias sobre proyectos de vida — Diálogo personal — Encuentro para preseminario o postulantado
AGENTE	— Catequistas — Animadores de P.J. — Padres — Educadores	— Equipo coordinador — Agentes de P.J.V.	— Delegados de P.V. — Formadores
ÁMBITOS	— Catequesis — P. Juvenil — Familia — Escuela	— Centro Vocacional — Movimientos — Comunidades — Seminarios menores	— Vocacionales a la V.R. y al Sacerdocio — Previos a la incorporación

10. Pistas para la educación de la sexualidad

1. En el grupo cristiano o de referencia para el joven, hacer un análisis de la realidad juvenil en este tema según los datos aportados por las encuestas, los interrogantes de los jóvenes, las campañas y folletos realizados por organismos públicos, etc.

2. Situar la sexualidad en el proceso de maduración psicobiológica de la persona (cf esquema de M. Oraison, pág. 198).

3. Reflexión antropológica sobre la unitariedad del ser humano y del amor humano. Trabajar las siguientes afirmaciones:

— Los comportamientos sexuales influyen en toda la persona y en la configuración de la personalidad.

— Hay relación entre la forma de vivir la sexualidad y otros comportamientos humanos, tales como la sensibilidad social y el compromiso con los más necesitados.

— La forma de entender la sexualidad tiene mucho que ver con el tipo de relaciones (cosificadoras o interpersonales), la madurez afectiva (capacidad de dar y recibir) y el dominio propio (autocontrol o dependencia de los deseos).

4. El cristiano entiende la sexualidad desde la persona, vida y mensaje de Jesús de Nazaret, Dios y hombre verdadero «revelación del hombre al hombre» (GS 22). Lo fundamental en la fe cristiana es la entrega personal, total e incondicional a todos y para siempre. En ese contexto hay que entender todos los aspectos de la vida: estudios, profesión, trabajo, ocio, uso del dinero, afectividad, compromisos, estado de vida, etc.

Esta visión resitúa la sexualidad humana de la siguiente forma:

— La sexualidad humana afecta a toda la persona (modo de ser persona: varón-mujer) y no puede reducirse a genitalidad.

— La relación sexual se valora por el tipo de relación que expresa, la comunicación y la entrega de las personas que la vivan (cf esquema de E. Fromm, pág. 199).

— Lo primero que aparece en el ser humano es el desarrollo físico-genital, y lo último es el compromiso de vida como pareja, entendido y celebrado pública y comunitariamente. Por lo mismo se impone un aprendizaje que pasa por la integración de elementos de autocontrol y la apertura a valores nuevos. E. Fromm dice que amar «es un arte» en el que va la felicidad y realización humana.

— La sexualidad humana se integra en un proyecto de vida entendido como vocación. El matrimonio o el celibato se presentan como dos formas distintas y complementarias de vivir el amor humano al servicio del reino de Dios. Básicamente suponen lo mismo: conversión a los valores del evangelio, disponibilidad a la voluntad de Dios y servicio al Reino.

— Esta forma de entender y vivir la sexualidad enriquece la visión psicobiológica y la libra de los reduccionismos con que la sexualidad aparece en los medios de comunicación y en muchas publicaciones que hacen del erotismo, la violencia y la pornografía un negocio.

Ofrecemos a continuación tres cuadros que sintetizan las exposiciones anteriores.

ESQUEMA DE LA EVOLUCIÓN DE LA SEXUALIDAD
EDADES "CRONOLÓGICAS" (meramente aproximativas, por tanto)
Inspirado en Oswald Schwarz y M. Oraison

1	2	3	4	5	6	7	8	9	10	11	12	13	14	15	16	17	18	19
FASE DE INFANCIA							PUBERTAD Y ADOLESCENCIA											EDAD ADULTA

COMPONENTES "ERÓTICOS"-FÍSICOS DE LA SEXUALIDAD

- FASE PASIVO-ORAL
- FASE ACTIVO-ANAL
- FASE "GENITAL"
- Exploración sensorial del propio cuerpo, incluidos los genitales
- Curiosidad bisexual
- Fenómenos y juegos exhibicionistas
- FASE DE TRANQUILIDAD PREPUBERAL

CRISIS DE PUBERTAD
— Funcionamiento de las glándulas sexuales
— Descubrimiento del placer solitario y homosexual

ADOLESCENCIA
— Apetencia del placer con el "otro" sexo
— "Petting", "ligue"

SÓLO LA INTEGRACIÓN DE AMBAS VERTIENTES MARCA LA VERDADERA MADUREZ SEXUAL EN EL AMOR PLENO. EL PROCESO PUEDE QUEDAR ESTANCADO O O

COMPONENTES "SENTIMENTALES"-PSÍQUICOS DE LA SEXUALIDAD

- Primeras emociones de lactante y contacto materno
- Ternura especial con las personas que trata: apego, afecto, celos...
- Expresiones claras de masculinidad y de feminidad (coquetería, "machotismo")
- PERÍODO "EDÍPICO"
- SUPERACIÓN DEL COMPLEJO DE EDIPO
- CRISIS DE AUTONOMÍA PERSONAL

Actitudes contradictorias frente al sexo contrario
— Preferencias por el propio sexo
— Juegos de "conquista" como afirmación del propio sexo

PREDOMINIO: MARCADAMENTE "EGOÍSTA" — AMISTADES DEL MISMO SEXO — AMORES "PLATÓNICOS"

EL ARTE DE AMAR

OBJETIVO

AMAR ES DAR, NO RECIBIR

- Damos las experiencias
- Dar es hacer del otro un dador
- Se comparte lo que se crea juntos

TE NECESITO PORQUE TE AMO

ELEMENTOS BÁSICOS DEL AMOR

- *Cuidado:* amor - trabajo - amor
- *Responsabilidad:* listo y pronto para responder
- *Respeto:* ver la individualidad de cada persona
- *Conocimiento:* entrar en el fondo del otro

DIMENSIONES Y OBJETOS DE AMOR

- *Amor materno.* «Me aman porque soy yo» (incondicional → paz y dicha)
- *Amor paterno.* «Te amo porque llenas mis aspiraciones, porque cumples con tu deber, porque eres como yo» (condicional → dentro del control)
- *Grados del amor:*
  — Infantil: «Amo porque me aman»
  — Maduro: «Me aman porque amo»
  — Inmaduro: «Te amo porque te necesito»
  — Maduro: "Te necesito porque te amo»
- *Dimensión universal del amor.* Es la actitud y orientación del carácter que determina el tipo de relación de una persona con el mundo como totalidad

LA PRÁCTICA DEL AMOR

- Es experiencia personal que exige disciplina
- Hay que *aprender a amar:*
  — Superar el narcisismo
  — Realismo y humildad
  — Activismo y productividad

#

AMOR Y SOCIEDAD DE CONSUMO

Lo importante es experimentarse desde el fondo de la existencia
Producir = Intercambiar = Consumir (Enajenación de sí, de los semejantes y de la naturaleza)
Matrimonio - equipo de funcionamiento
Se confunde el egoísmo con el amor e intimidad

PROBLEMA EXISTENCIAL: *La soledad*

- Necesitamos ser amados
- Amor como objeto más que como facultad
- Enamorarse - vivir enamorado

Solución: UNIÓN Y CREATIVIDAD

FRATERNIDAD: AMOR POR EXCELENCIA

— Amar a quienes *no necesitamos*
— Se caracteriza por su falta de exclusividad
Amor erótico. Tiende a ser exclusivo, no universal
Si el amor erótico no es a la vez fraternal tiende a ser orgiástico y transitorio, es decir, *no une a las personas*
Egoísmo: una forma de odiarse. El egoísta ama poco; el vacío y frustración que siente lo compensa con satisfacciones
Preocuparse mucho de los otros y no sentirse feliz significa que la capacidad de amar está paralizada

(Síntesis del libro *El arte de amar* de E. Fromm).

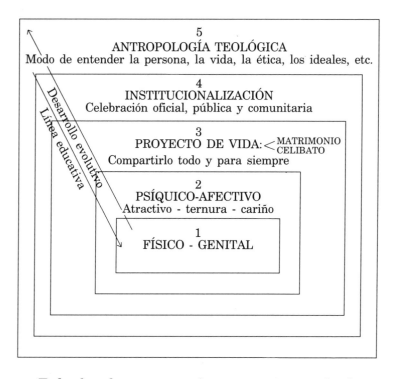

Todos los elementos son importantes y constitutivos; cada uno de ellos, con dinamismos propios, cobra mayor significado desde los elementos que lo envuelven. Importa vivir cada uno de los elementos de forma que se abra a los siguientes; la mejor manera de lograrlo está en que las referencias de los recuadros superiores —sobre todo el 5 y el 3— orienten a los demás. No significa que la línea del desarrollo evolutivo sea opuesta a la línea educativa; son complementarias, pues una y otra se referencian mutuamente. Esto lleva a entender la madurez sexual como fruto de un proceso evolutivo lento y complejo, pero que necesita de motivaciones, referencias y orientaciones normativas concretas.

11. Acompañar el camino de oración

La oración personal y comunitaria es uno de los elementos centrales de la vida del cristiano. Según la experiencia atestiguada sin interrupción por la santidad de muchos creyentes y comunidades, entre maduración personal, progreso en la vida de oración y discernimiento vocacional hay mucha relación. De ahí la importancia de abordar de forma sistemática y constante este tema en el acompañamiento espiritual.

Iniciación a la oración:
— Análisis de la situación personal; dificultades, inconstancia, método, sentido que tiene, forma de orar, etc.
— Breves indicaciones metodológicas sobre el modo, tiempo, lugar, ambiente, etc.
— Ámbitos y encuentros donde sea posible tener alguna experiencia auténtica de oración que resulta gratificante.
— El testimonio de creyentes que oran habitualmente.

Propuesta de un método:
— Hacer silencio interior y exterior.
— Relajación.
— Lectura de un pasaje bíblico.
— Reflexionar la Palabra con un salmo apropiado.
— Interpretar la Palabra: qué dice, cómo aplicarla a mi vida.
— Contemplar un pasaje o escena, identificándose con la situación o personajes.
— Concentrarse en una palabra o frase que se repite para que vaya calando hasta motivar el corazón por la aparición de sentimientos.
— Pedir perdón, dar gracias, alabar o bendecir según lo que se viva.
— Terminar haciendo un compromiso para el día que sea evaluable.

Camino de oración:

1. *Oración como medio.* Al principio los tiempos de oración y la oración son vividos por el principiante con finalidad moralizante: para vencer defectos, superar dificultades o evitar el pecado. En esta etapa la oración tiene mucho que ver con el examen de conciencia y el dominio personal; por lo mismo, el interlocutor es Dios como proyección del ideal de persona que uno tiene.

2. *Oración reflexiva.* A medida que el sentimiento de culpabilidad se integra y se van superando algunas dificultades, la oración adquiere un talante discursivo: lectura del texto, búsqueda de significados, aplicación a la vida y pistas de actuación. En este modo de orar se pasa con mucha rapidez de la cabeza a la voluntad, quedando el sentimiento en segundo lugar. Sigue siendo el orante el protagonista principal de la oración.

3. *Oración contemplativa.* Cesa la actividad mental como razonamiento o reflexión y aparece la actitud silenciosa y contemplativa. El creyente se sitúa ante pasajes o escenas tratando de que lo que contempla le hable al corazón y le provoque sentimientos. De este modo la oración que hace la lengua proviene de la abundancia del corazón. Las expresiones oracionales son breves, repetitivas y afectivas, como jaculatorias que salen de lo profundo del yo cargadas de amor y agradecimiento.

4. *Oración de adoración.* Tiene mucho que ver con la oración unitiva, pues en ella sobran textos, escenas, palabras y variedad de sentimientos. La oración se da por «simple contemplación» o encuentro personal con «aquel que sabes que te ama» (Santa Teresa). Es encuentro personal con Jesucristo en paz y quietud; por estar lleno de gozo, al creyente se le pasa el tiempo con mucha rapidez, se siente un gran desapego de todo lo terrenal, se desea un compromiso total desde los más pobres y toda la persona se entrega en oblación y alabanza desde la

adoración. Cristo humillado y entronizado (Flp 2,6-11) es lo único digno de ser aclamado, vivido y adorado. Ahí encuentra el alma la felicidad, el sentido de su vida y exclama con la confesión de fe y amor: «Dios mío y todas las cosas».

Cada una de estas etapas en el camino de oración supone tiempo, medios y disposiciones internas. Dios llama a todos a compartir su vida, pero normalmente sólo la reciben los que están dispuestos para acogerla. La postura del orante —sentado, de rodillas, postrado, etc.— indica normalmente el tipo de oración que se hace y la etapa en que uno se encuentra.

Tarea del acompañante es ayudar a los jóvenes a hacer de su vida un camino de oración sabiendo que esta transformará su vida. El comentario de santa Teresa al padrenuestro puede ayudarles mucho en este cometido.

12. Iniciar a la presencia y al compromiso cristiano

Lo característico de la antropología cristiana está en la visión globalizadora del hombre, del amor y del compromiso. Esta comprensión del creyente abarca todas las facetas y ámbitos de la vida y los integra desde un centro unificador que da sentido a todas ellas.

En el acompañamiento conviene tener presente:

1. Partir de la comprensión unitaria del amor cristiano: universal, incondicional, histórico y trascendente.

2. Cómo pasar de las acciones comprometidas que hace el adolescente y el joven a entender la vida entera como compromiso.

3. Madurar la fe como apertura a la voluntad de

Dios y disponibilidad en la profesión, estilo de vida, estado de vida, compromiso sociocultural, compromiso eclesial, etc.

4. La integración de los compromisos en un proyecto personal de vida y en un proyecto comunitario o de grupo.

5. Ayudarse de los cauces educativos del compromiso cristiano:
— Análisis crítico-creyente de la realidad.
— Dejarse interpelar por los datos de la realidad.
— Toma de conciencia de lo que pasa, por qué pasa y qué se puede hacer.
— Identificación de las acciones comprometidas como anticipaciones proféticas de una realidad nueva.

6. La mayor dificultad para iniciarse a la presencia y al compromiso suele ser la «pasividad». Esta actitud descomprometida puede tener varias causas; las principales son:
— Ver la «situación de las cosas» como algo lejano y externo que no nos afecta.
— Cuando hacemos análisis de qué pasa y los porqués, nos quedamos en el ver, pero tardamos mucho en actuar.
— Desearíamos que las soluciones fueran rápidas e inmediatas. Cuesta admitir las limitaciones humanas —incluidas las propias— y la lentitud de los procesos humanos. La salida fácil es la crítica inoperante y destructiva.
— Después de un tiempo de lucha y esfuerzo, se «tira la toalla», nos declaramos incompetentes y terminamos adaptándonos para terminar haciendo lo que criticábamos.

7. Los compromisos son más auténticos si se disciernen desde una presencia encarnada en la que se escu-

chan las auténticas necesidades. No se trata de hacer lo que yo quiero o me parece, sino lo que más se necesita. La actitud de servicio humilde y disponibilidad total debe preceder toda acción comprometida.

8.   El compromiso hace relación al futuro, a algo o alguien y se realiza con otros. En un primer momento el creyente generoso está abierto a todas las posibilidades, pero poco a poco tiene que centrarse en una de ellas. Esta definición, que parece limitación, es imprescindible para poder madurar, amar en concreto y ser eficaz. Todo compromiso —y de manera especial un compromiso para toda la vida— es un riesgo, pues afecta al futuro, pide fidelidad y exige renuncias. Esto que parece humanamente muy difícil, es posible con la gracia de Dios. Además en ello nos jugamos nuestra propia felicidad.

9.   La lectura creyente de la realidad forma la conciencia moral de la persona, pues le ayuda a tomar más conciencia de sí misma y de la realidad. Este sentimiento es primordialmente de responsabilidad por lo que sucede y de empeño en mejorar esta misma realidad. La lectura de la realidad pasa por diferentes niveles que hay que ir superando; son los siguientes:
— La historia se vive como una sucesión de hechos y acontecimientos que se suceden sin conexión causa-efecto. Todo queda fragmentado y reducido a mera anécdota. No hay lectura crítica ni implicación personal en el cambio de lo que está mal.
— Se prescinde del contexto sociocultural general y de las estructuras sociales, para centrarse en el comportamiento personal según los mínimos morales para justificarse éticamente, e incluso conseguir el premio eterno.
— De la historia, tomada en su conjunto y como sucesión de acontecimientos, se sacan «lecciones para la vida», pero no llegan a cuestionarse los fundamentos de la organización social ni sus estructuras. Se busca más la protección personal que la transformación social.

— Por fin se llega a una lectura que trata de llegar al fondo de lo que está pasando para encontrar el significado de las cosas y el sentido de la vida. El creyente sabe que la fe tiene mucho que ver con los valores y orientaciones que se dan a la existencia. En la vida social y en la historia de cada pueblo se hace presente la historia de la salvación. Para que esto sea posible hay que situarse ante los acontecimientos en actitud abierta (dejarse interpelar por los datos), crítica (utilizar el análisis para ver el porqué de lo que sucede) y activa (buscar el cambio de lo que es deshumanizante).

10. La lectura creyente de la realidad tiene como referencia última y total la persona de Jesús, su causa y su mensaje. El proyecto de Dios revelado en Jesucristo es hacer una nueva humanidad basada en los valores del Reino.

El cuadro que está a continuación especifica los pasos metodológicos para poder hacer una lectura creyente de la realidad.

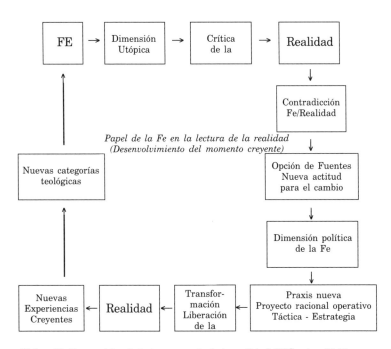

Cf Juan T., *Dos modelos de lectura creyente de la realidad*, TEC, págs. 32-33.

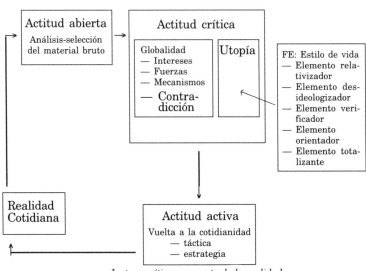

Lectura crítica y creyente de la realidad

.

CONCLUSIÓN

Jesús no se predicó a sí mismo ni habló de un Dios lejano o ausente; Jesús anunció el reino de Dios proclamado como salvación aquí y ahora. El proceso de salvación consiste en la solidaridad de Jesús con la realidad humana hasta morir y ser glorificado por su Padre. Al resucitar nos solidarizó con la salvación y nos indicó el camino para que llegara el Reino: las bienaventuranzas como implantación del derecho de los pobres por la justicia y el amor.

Esto también debe ser lo último y referencial para el acompañante espiritual y para el acompañado. El Espíritu se hace presente en la vida de cada hombre para asociarlo a la vida y causa de Jesucristo, pues sólo ahí encontrará la plenitud de su ser y de su existencia.

La búsqueda del paso de Dios por la vida, a través de la relación interpersonal concebida como acompañamiento espiritual y en búsqueda de respuesta vocacional, requiere ver la presencia de Dios en la propia historia, el esfuerzo por vivir el presente desde el absoluto de la fe y el discernimiento del futuro como servicio al proyecto del reino de Dios, donde el amor preferencial de Dios se hace presente de forma desconcertante en el servicio a los más necesitados. Y esto no es posible sino por la acción convergente de muchas mediaciones; entre ellas el «acompañamiento espiritual» cobra importancia singular por sí mismo y por la labor de globalización de otras instancias e interiorización de todos los demás aspectos de la vida cristiana. Esta mediación de la acción del Espíritu se nos presenta a catequistas, animadores de pastoral juvenil y responsables de la pastoral vocacional como un reto apasionante, que dará mucho fruto en un futuro inmediato, si lo asumimos con verdad y fidelidad.

BIBLIOGRAFÍA

1. *Libros*

AA.VV., *La no-directividad en la educación de la fe*, San Pío X, Madrid 1983; *Psicología y espíritu*, Paulinas, Madrid 1971; *El reto de los jóvenes*, Sociedad de Educación Atenas, Madrid 1987; *Psiquiatría, sacerdocio y dirección pastoral*, Sal Terrae, Santander 1975.

ALBURQUERQUE E., *Moral cristiana y pastoral juvenil. Fundamentos para una propuesta ética*, CCS, Madrid 1990.

ANGIONI A., *La dirección espiritual en la edad evolutiva*, Políglota Vaticana, Roma 1964.

ARTO A., *Psicología evolutiva. Metodología de estudio y propuesta educativa*, LAS, Roma 1990.

BERNARD A., *L'aiuto spirituale personale*, Rogate, Roma 1978.

BERZOSA R., *El camino de la vocación cristiana*, Verbo Divino, Navarra 1991.

BISSONNIER H., *Psicopedagogía de la conciencia moral*, Marova, Madrid 1973.

BOISVERT M. Y PLAZA M., *Los ejercicios personalizados en la vida corriente. Orientaciones pedagógicas y fichas de trabajo*, Sal Terrae, Santander 1981.

BORAU J., *Juventud, gran desafío*, PPC, Madrid 1987.

BRACELAND F. J., *Psiquiatría, sacerdocio y dirección espiritual*, Sal Terrae, Santander 1975.

211

BRUNET J. J., *Tutoría con adolescentes*, San Pío X, Madrid 1983.

BULL N. J., *La educación moral*, Verbo Divino, Estella, 1976.

CASTILLO J. M.ª, *El discernimiento cristiano. Para una conciencia crítica*, Sígueme, Salamanca 1984.

CRUCHON G., *La entrevista pastoral*, Razón y Fe, Madrid 1970.

CUSSON G., *Los ejercicios espirituales en la vida corriente*, Sal Terrae, Santander 1976.

DOMEÑO C., *Preparación y conciencia del acompañante-educador*, Confer, Madrid 1976.

FERMOSO P., *Teoría de la educación. Una interpretación antropológica*, CEAC, Barcelona 1982.

FINKLER P., *El formador y la formación para la vida religiosa*, Paulinas, Madrid 1982; *Comprenderse a sí mismo y entender a los demás*, Paulinas, Madrid 1982.

FLIPPO C., *Etapas del seguimiento de Jesús*, Sal Terrae, Santander 1972.

FUSTER J. M., *Cómo potenciar la autorrealización*, Mensajero, Bilbao 1977.

GATTI G., *Ética cristiana y educación moral*, CCS, Madrid 1988.

GIL M. P., *La relación maestro-alumno*, BAC Popular, Madrid 1977.

GIORDANI B., *La psicología en función pastoral: metodología de la entrevista*, Brescia-Roma 1981; *Respuesta del hombre a la llamada de Dios. Estudio psicológico sobre la vocación*, Sociedad de Educación Atenas, Madrid 1983.

GODIN A., *Cómo establecer el diálogo pastoral*, Nova Terra, Barcelona 1967.

GORDILLO M.ª V., *La orientación en el proceso educativo*, EUNSA, Pamplona 1973.

GOUVERMAIRE J., *La práctica del discernimiento*, Sal Terrae, Santander 1984.

GOUVERMAIRE J. Y OTROS, *Guiados por el Espíritu*, Sal Terrae, Santander 1984.

GROESCHEL J. B., *Crecimiento espiritual y madurez psicológica*, Sociedad de Educación Atenas, Madrid 1983.

GUERRA A., *Situación espiritual contemporánea*, Ed. Espiritualidad, Madrid 1980.

HOSTIE R., *L'entretien pastoral*, Desclée de Brouwer, París-Brujas 1963.

LAPLACE J., *La dirección de conciencia, el diálogo pastoral*, Hechos y Dichos, Zaragoza 1967.

LEPP I., *Psicoanálisis de la amistad*, Carlos Lohlé, Buenos Aires 1980.

LIPOVETSKI J. F., *La era del vacío*, Anagrama, Barcelona 1990.

LYOTARD J. F., *La postmodernidad*, Gedisa, Barcelona 1987.

MANENTI A., *Vivir en comunidad. Aspectos psicológicos*, Sal Terrae, Santander 1983.

MARDONES J. M., *Postmodernidad y cristianismo*, Sal Terrae, Santander 1988.

MARTÍNEZ J. M., *El educador y su función orientadora*, San Pío X, Madrid 1980.

MENDIZÁBAL L. M., *Dirección espiritual. Teoría y práctica*, BAC, Madrid 1978.

ORTAS M., *Diálogo pastoral con adolescentes*, PPC, Madrid 1988.

PLAZA M., *Ejercicios ignacianos y pedagogía de la fe para jóvenes*, Sal Terrae, Santander 1978.

POWELL J., *¿Por qué temo decirte quién soy?*, Sal Terrae, Santander 1989.

RAGUIN Y., *Maître et disciple. La dirección spirituelle*, Desclée de Brouwer, París 1985.

REPETTO E., *Fundamento de orientación*, Morata, Madrid 1977.

ROGERS C.-KINGET M., *Psicoterapia e relazioni umane*, Boringhieri, Turín 1970.

SAINT-ARNAUD Y., *La consulta pastoral de orientación rogeriana*, Herder, Barcelona 1972.

SCHORDERET L., *La entrevista. Su técnica*, Oriens, Madrid 1975.

TONELLI R., *Una espiritualidad para la vida diaria*, CCS, Madrid 1989.

VACA C., *Psicoanálisis y dirección espiritual*, Religión y cultura, Madrid 1967.

VECCHI J. E., *Un proyecto de pastoral juvenil en la Iglesia de hoy*, CCS, Madrid 1990.

VERGOTE A., *Interpretaciones psicológicas del fenómeno religioso en el ateísmo contemporáneo*, Cristiandad, Madrid 1971.

VIVES J., *Vida cristiana y discernimiento*, Sal Terrae, Santander 1986.

2. *Artículos desde la historia y la teología*

AA.VV., *La dirección espiritual en la Iglesia*, Vida espiritual 65 (1979) 1-52.

ALBURQUERQUE A., *Formación de la conciencia moral de los jóvenes*, Misión Joven 176 (1991) 31-38.

BAENA G., *Fundamentos bíblicos de la dirección espiritual*, Vida espiritual 56 (1977) 45-54.

CHICO GONZÁLEZ P., *Tipo de hombre y reforma educativa*, Educadores 152 (1989) 551-573.

EDITORIAL, *Prepararse para la dirección espiritual, tarea urgente*, Seminarios 28 (1982) 141-146.

GAITÁN J. D., *Dirección y guía espiritual. Purificación actual de una praxis secular*, Revista de Espiritualidad 153 (1979) 615-633.

GONZÁLEZ ANLEO J., *Sociedad, canalización e increencia*, Misión Abierta 4 (1989) 11-22.

IMIZOZ J. M., *El director espiritual a la luz del Concilio*, Vocaciones 37 (1968) 59-69.

MARTÍN VELASCO J. DE DIOS, *Espiritualidad cristiana en tiempos de increencia*, Revista de Espiritualidad 192-193 (1989) 433-351.

MERCIER R., *Aspectos históricos de la dirección espiritual*, Vida Espiritual 65 (1979) 15-21.

SÁNCHEZ A., *Una dirección de la intervención socio-educativa: creación de «modelos de referencia» para la juventud*, Educadores 159 (1989) 667-687.

TORELLO J. B., *Dirección espiritual y personalidad*, Scripta Theologica 10 (1978) 634-654.

VALDERRÁBANO J. F., *Planteamiento y justificación del acompañamiento espiritual*, Confer 80 (1982) 597-625.

3. *Artículos sobre la entrevista pastoral*

AA.VV., *Acompañamiento espiritual de los jóvenes formandos*, Confer 80 (1982) 585-621; *Crisis en las estructuras de iniciación*, Concilium 142 (1979) 165ss.

ALBURQUERQUE E., *Ayuda del formador, adulto en la fe, mediante la entrevista pastoral*, Confer 80 (1982) 661-683; *La entrevista pastoral: un servicio pastoral*, Misión Joven 75 (1983) 30-35.

ANATRELLA T., *Adolescence, postadolescence, vie sociale. Une lecture psychanalytique*, Le Supplement 150 (1984) 7-46.

AUBRY J., *Diversos tipos de dirección espiritual*, Misión Joven 75 (1983) 37-40.

AVANZINI G., *La relation éducative aujourd'hui*, Le Supplement 150 (1984) 65-84.

215

BELLIDO F., *Formación de animadores de la pequeña comunidad cristiana*, Sal Terrae 835 (1982) 853-870.

BERNARD CH. A., *La fonction symbolique en spiritualité*, Nouvelle Revue Théologique 10 (1973) 1119-1136.

CALAVIA M. A., *Presupuestos religiosos para una pedagogía de la fe*, Teología y Catequesis 1-2 (1984) 41-75.

CIAN L., *Dirección espiritual: Metodología a la luz de las modernas ciencias del hombre*, Misión Joven 75 (1983) 13-29.

CHABASSUS H., *Jesús e a relaçao de ajuda. Pedro, Judas e a lelaçao de ajuda*, Revista de Cultura Biblica 37-38 (1986) 86-108.

DENIS L., *Meditation sur le dialogue*, Nouvelle Revue Théologique 4 (1978) 569-577.

FABER H.-VAN DER SCHOOT E., *La practique du dialogue pastoral. Eléments de psycologie pour le ministère*, Centurión, París 1973.

GARCÍA DE LA HAZA M.ª C., *Adolescencia manipulada. Reflejo y crítica de un fenómeno social*, Sal Terrae 763 (1976) 859-866.

GARCÍA MONGE J. A., *El diálogo espiritual y la terapia*, Concilium 100 (1974) 280-290.

GIORDANI B., *Dirección espiritual, encuentro entre dos*, Seminarios 29 (1983) 33-35.

GÓMEZ MIER V., *La intimidad de los adolescentes y el confesionario católico*, Catequesis Latinoamericana 23 (1973) 183-192.

HOSTIE R., *Característica del diálogo pastoral*, La Civiltà Cattolica I (1970) 344-372.

LEVIS J., *El director de ejercicios como factor de integración de lo psicológico y de lo espiritual para el ejercitante*, Manresa 51 (1979) 77-84.

LOUF A., *L'acompagnement spirituel aujourd'hui*, Vie Consacrée 6 (1980) 323-335 y 1 (1981) 32-43.

McCarty S., *Pilgrim and Penitent: Direction and Sacramental Reconciliation*, Review for Religious 6 (1986) 819-830.

Nocent A., *Iniciación cristiana y comunidad*, Concilium 142 (1979) 203-211.

Pujol J., *Formas de ayuda en el acompañamiento espiritual*, Confer 80 (1982) 703-727.

Tomasi R., *El director espiritual*, Vocaciones 98 (1980) 429-448.

Urbina F., *El descubrimiento de la dimensión religiosa o trascendental del mensaje cristiano en el contexto social actual*, Teología y Catequesis 1-2 (1984) 13-23.

Vergara A., *Adolescencia y fe cristiana*, Catequesis Latinoamericana 32 (1976) 65-77.

4. *Fuentes generales*

De Fiores S., *Itinerario espiritual. Espiritualidad contemporánea*, en *Nuevo diccionario de espiritualidad*, Paulinas, Madrid 1992⁴, 999-1021.

Spinsanti S.-Pablo Maroto D. de, *Modelos espirituales*, en *Nuevo diccionario de espiritualidad*, Paulinas, Madrid 1992⁴, 1281-1315.

5. *Números monográgicos de revistas*

Concilium 149 (1979), *Modelos de santidad*.
Confer 80 (1982), *Acompañamiento espiritual de los jóvenes formandos*.
Seminarios 85 (1982), *Una nueva metodología en la dirección espiritual*; 87 (1983), *Dirección espiritual: encuentro entre dos*.
Misión Joven 75 (1983), *Orientación, diálogo y acompañamiento espiritual*.
Sal Terrae 863 (1985), *El acompañamiento espiritual*.

Todos uno 66 y 67 (1981), *Líneas de pastoral vocacional*; 75 (1983), *Proceso vocacional*; 77 y 78 (1984), *Etapas de una opción vocacional*; 82 (1985), *Jesús de Nazaret en el proceso vocacional*; 85 y 86 (1986), *La vocación, los retos de un compromiso*; 87 (1986), *Seminarios de planificación y programación*; 89 (1987), *El acompañamiento espiritual en el proceso vocacional*.

Comunidades (abril-junio 1983), *El acompañamiento espiritual, entre el pasado y el futuro*. Bibliografía completísima desde el fin del Concilio hasta 1983, por José Damián Gaitán.

ÍNDICE

Págs.

PRIMERA PARTE
Dimensiones teológico-pastorales
del acompañamiento espiritual

Introducción 9
1. Acompañamiento y maduración personal 10
2. Condicionamientos socioculturales de la juventud 12

1. Fundamentación teológica del acompañamiento espiritual 17
1. Base bíblica 18
2. El acompañamiento espiritual en la historia de la Iglesia 20
3. Planteamiento en la teología espiritual actual 25

2. Vida espiritual y catequesis 29
1. Educar en la fe es ayudar a madurar vocacionalmente 30
2. Catequesis y acompañamiento 31
3. La comunidad, ámbito de la maduración vocacional 32
4. La pedagogía divina inspira la pedagogía catequética 33
5. Acompañamiento del proceso de conversión ... 35

Págs.

3. **Espiritualidad y pastoral de personalización** 39
   1. La espiritualidad cristiana 40
   2. Afectividad y espiritualidad 42
   3. La experiencia de Dios: reto de la pastoral de juventud 43
   4. La personalización como método pastoral 45

4. **El cauce psicopedagógico de la relación de ayuda** 51
   1. Las fases en la relación de ayuda 52
   2. La persona orientada 53
   3. El orientador 54
   4. La relación de ayuda 55

5. **El acompañamiento espiritual** 57
   1. La interrelación humana es el lugar de la experiencia cristiana 58
   2. Mediaciones en el acompañamiento espiritual 58

6. **El acompañamiento espiritual al servicio del seguimiento de Jesús** 65
   1. Etapas del seguimiento de Jesús 66
   2. Pautas experienciales «del seguimiento de Jesús» 71

7. **Contenidos fundamentales que deben ser tratados en el acompañamiento** 75
   1. Los rasgos de la madurez personal 75
   2. La espiritualidad cristiana 76
   3. La educación de la afectividad y de la sexualidad 78
   4. La formación del grupo cristiano 81
   5. El análisis crítico-creyente de la realidad y la revisión de vida 83
   6. La presencia y el compromiso transformador de la realidad 85

7. Pistas para ver si estos valores se van interiorizando 87

8. **Acompañamiento personal y educación de la conciencia social** 89
1. El desarrollo moral y religioso en los jóvenes 90
2. La vida moral como totalidad indivisible 93
3. Génesis del sentido moral 94
4. Las actitudes éticas y las actitudes religiosas 98
5. La actitud ética está en el yo ligado al tú, no entre el yo y el tú 102
6. Aspectos de educación moral que se pueden abordar en el acompañamiento 104

9. **El acompañante espiritual** 107
1. El acompañante como mediación 107
2. Dimensiones de la identidad del acompañante espiritual 111

10. **Principales problemas que surgen en el acompañamiento** 115
1. Carencias en los planteamientos de algunos proyectos de pastoral juvenil 115
2. Autoengaños en el proceso de conversión 121

11. **Acompañamiento espiritual y discernimiento vocacional** 127
1. La pastoral vocacional en la pastoral juvenil 127
2. En la etapa de profundización deben hacerse las propuestas vocacionales explícitas 128
3. Atención a los elementos afectivos del proceso vocacional 130
4. El acompañante espiritual ayuda a formular el proyecto vocacional de vida 131

5. ¿Cómo se hace el proyecto de vida? 134
6. Asegurar la dinámica propia del discernimiento cristiano 138
7. Estructuración del acompañamiento que posibilite el discernimiento vocacional 142
8. El discernimiento de los proyectos de vida: presbítero, religioso, laico 146

SEGUNDA PARTE
Orientaciones prácticas y recursos pedagógicos

1. El decálogo de la relación de ayuda 155
2. La preocupación del orientador espiritual ... 157
3. Recuerda las funciones del acompañante 158
4. Cómo proponer la relación de ayuda 160
5. Guión para analizar las entrevistas 161
6. Instrumentos iniciales de apoyo 162
7. Itinerario de la madurez humana y espiritual 174
8. Indicadores para el acompañamiento 179
9. Cómo acompañar el discernimiento vocacional 193
10. Pistas para la educación de la sexualidad ... 196
11. Acompañar el camino de oración 201
12. Iniciar a la presencia y al compromiso cristiano 203

Conclusión 209

Bibliografía 211